Große Freiheit
Die Geschichte des Wasserwandlers

Susanne Niemeyer
Matthias Lemme

Große Freiheit

Die Geschichte des Wasserwandlers

adeo

15. Mai: Sophie geht auf die Suche und findet eine Taube

Ich bin eine von diesen Thirtysomethings, die immer noch auf der Suche sind. Ich habe Familien aufgestellt, Zen meditiert, bin in der Wüste gewandert und nach Santiago gepilgert. Ich habe ein paar Festivals mitgenommen, 34 Monate kein Fleisch gegessen und glaube, dass das Leben früher übersichtlicher war. Ich lebe in der Könnte-Ära. Heute gibt es so viele Arten zu leben. Woher soll ich wissen, welches meine ist? Ein Freak bin ich nicht. Ich habe Freunde, mein Job ist okay und einmal im Jahr gehe ich zum Zahnarzt. Dass ich jetzt hier im Tidecamp sitze und mein grünes Zelt unter einer Trauerweide aufgestellt habe, liegt daran, dass ich neugierig bin. Das „Fly-High-Wochenende" findet schon zum dritten Mal statt. Alle schwärmen, wie toll es ist und was für ein besonderes Erlebnis, auch solche, die im Alltag ganz normal sind. Ich mag vor allem den Reim. Also bin ich hergekommen.

Fürs Erste sitze ich am Ufer und schaue den großen Schiffen nach. Dabei überlege ich, ob ich lieber nach China oder nach Honduras wollte. Honduras, schätze ich. Am Wasser steht ein Typ, der ist ein Freak. Johannes. Raspelkurze Haare und so ein Bart, wie sie jetzt wieder *in* sind. Er isst nur, was weggeworfen wird. Nachts wühlt er in Containern von Supermärkten.

„Du glaubst gar nicht, was man da alles findet", schwärmt er. Eingeschweißten Katenschinken, Rahmjoghurt, Himbeeren,

Brot, jeden Tag etwas anderes. Alles gut, nur nicht mehr perfekt. „Das ist so krass, das Schlaraffenland liegt direkt vor unserer Nase. Aber es ist nichts wert, weil es nichts kostet."

Wahrscheinlich hat er Recht. Trotzdem finde ich es ekelig. Johannes hat eine Falte über der Nase, die mit Entschlossenheit droht. Aber er lacht auch viel. Das alles hier ist von ihm organisiert. Er nennt es Umkehr. Zu einem Leben, in das man nicht reinschlittert, sondern das man selber wählt. Deshalb steht er mit hochgekrempelter Hose in der Elbe und tauft Leute. Weil sie Ja sagen sollen. Ja, ich nehme mein Leben in die Hand. Ich bin kein Kind der Umstände.

Der Andrang ist groß. Ich schaue ihm schon eine ganze Weile zu. „Leute", sagt er, wenn ihn einer allzu sehr anhimmelt, „ich bin kein Prophet. Ich bin der Rufer in der Wüste." Dabei grinst er.

Johannes weiß, was er will. Das fasziniert mich. Ich finde, man könnte radikaler sein. Nicht mit Gewalt, sondern einfach unmissverständlicher sagen, was nicht geht: Tiere einkerkern, Klamotten kaufen, die so billig sind, damit man schnell wieder neue Klamotten kaufen kann, fliegen, als sei es Busfahren, und so weiter. All die Dinge, die eigentlich jeder weiß, aber nicht wahrhaben will, weil alle anderen sie auch tun. Was alle tun, kann doch nicht falsch sein. Ich war letztes Jahr in Thailand. Wenn einer auf Fliegen verzichtet – was bringt das schon. Aber wenn es alle täten? Ich stelle mir vor, wie jeden Abend in der Tagesschau der Sprecher vor die Kamera tritt und etwas sagt wie: „Guten Abend, meine Damen und Herren, die Welt liegt im Argen, tun Sie bitte, was Sie können. Essen Sie fair gehandelte Schokolade, trinken Sie regionale Milch, knipsen Sie überflüssige Lampen aus und lächeln Sie Ihren Nachbarn an." Man könnte eine Menge Abende füllen, bis man sich wiederholen würde. Das wären dann auch Rufe in der Wüste.

Johannes schreibt einen Blog und er macht Aktionen wie diese. Dem ist das nicht peinlich und das finde ich schon mal gut. Weil doch den meisten viel zu oft alles Mögliche peinlich ist. Dass sie zu laut reden oder nicht cool sind oder mal pupsen. Johannes macht einfach die Sachen, von denen er überzeugt ist. Jetzt tauft er also. „In der Kirche schlaft ihr doch nur", sagt er. Ich weiß nicht, ob das stimmt. Vielleicht. Der Schlaf der Seligen.

Er taucht die Leute unter, dass sie japsen, einen winzigen Moment sind sie so überrascht, dass sie nichts als Luft wollen. „So", sagt er, „so fühlt sich Sehnsucht an."

Plötzlich steht da einer, den habe ich das ganze Wochenende noch nicht gesehen. Er muss gerade erst aufgetaucht sein. Alles an ihm strahlt. Ich schaue ihn fasziniert an. Da setzt sich eine Taube auf seine Schulter, ganz leicht lässt sie sich nieder. Jeder normale Mensch würde sie wegscheuchen, von wegen Ratten der Lüfte und so, aber er lässt sie sitzen. Als gehörten sie zusammen. Es sieht aus, als würde sie ihm etwas ins Ohr flüstern. Tolles Bild, denke ich, und wühle in meiner

Tasche nach dem Smartphone. Ich will ein Foto machen, aber als ich wieder hochgucke, sind sie weg. Beide. Der Mann und die Taube. Schade, denke ich. Den hätte ich gern kennengelernt.

18. Juni: Alex beobachtet den Rumsitzer

Von Pfahlmenschen und Eremiten habe ich ja schon gehört, aber gesehen habe ich noch keinen. Bis jetzt. Der Mann ist ein Phänomen. Er sitzt da, ruht in sich selbst, schweigt und hört. Und sieht trotzdem nicht aus wie ein blöder Buddha. Dreimal in der Woche Marktstände um ihn herum, ansonsten Hipster mit Modehunden, Punks, Cafés, kleine Läden. Ich wohne nicht weit von hier in einer der letzten billigen Wohnungen. Ich muss immer wieder herkommen und nach ihm sehen.

Am Anfang haben ihm die Leute ein paar Münzen hingeworfen, die hat er nicht angerührt. Essen hat ihm jemand hingestellt, das hat er auch nicht angerührt. Seine Wasserflasche ist meistens halbvoll, weiß Gott, wie er das macht. Nach drei Tagen kam die Polizei, wollte mit ihm reden, keine Antwort. Nach fünf Tagen kam ein Kamerateam, stellte beknackte Fragen, Guinnessbuch und so, aber keine Antwort. Einen Tag später kam ein anderes Kamerateam, mit guten Fragen und viel Zeit. Statt der Aufnahmen, die sie mitgenommen haben, hätte es auch ein Foto getan. Denn der Mann bewegt sich einfach nicht.

Ich bin jetzt den 33. Tag hier. Meistens komme ich vor der Arbeit gegen acht und dann am Abend nochmal. Ich kenne den Rumsitzer – so nennt ihn meine Frau, eigentlich sagt sie „doofer Rumsitzer" und meint damit mich, Eifersucht eben – schon ziemlich gut. Ich beobachte, wie er seine Augen mal ein wenig öffnet, dann wieder schließt. Wie sein Bart übers Kinn gewachsen ist. Wie er vor zehn Tagen einen Sonnenbrand hatte. Ich hab gesehen, wie eine Frau ihm hundert Euro vor die Füße gelegt hat, damit er ihr sagt, wer er sei und was er da mache. Sie hat den Schein wieder mitgenommen. Ein Freund von mir hat ihm angeboten, bei ihm zu duschen, das war so eine Art Test, aber keine Reaktion. Komisch, dass der Rumsitzer nicht völlig fertig aussieht. Er wirkt nicht mehr taufrisch, immerhin aber noch ganz ansehnlich. Ich hab keine Ahnung, wie er das macht. Ich bin ja nicht rund um die Uhr hier. Und schon der Gedanke beschämt mich, ihn überwachen zu wollen. Denn ich genieße ihn. Es tut mir gut, hier auf dem Steinvorsprung zu sitzen und ihn anzuschauen. Ich fühle mich in seiner Gegenwart beruhigt. Das scheint aufs ganze Viertel so zu wirken, viele Leute schauen nach ihm. Keiner will, dass ihm was passiert. Die Leute haben sich an ihn gewöhnt und sagen „unser Mann".

Ich kenne ihn mittlerweile gut. Und werde das Gefühl nicht los, dass er eine Menge über mich weiß.

28. Juni: Es geht los

Unser Mann ist weg. Von einem Tag auf den anderen verschwunden, ich hätte es ahnen können. Ausgerechnet, als ich meiner Mutter unter die Arme greifen musste, drei Autostunden von hier. Niemand hat ihn seither gesehen. Der Fischmann vom Markt soll mit ihm gesprochen haben, als er ging. „Gesprochen?", meinte er zu mir, als ich ihn fragte. „Quatsch. Gerade mal ein paar Sätze hat der Mann gesagt: ‚Ich heiße Jesus. Ich muss los. Wo geht's zur S-Bahn?' Und das war's."

Ich suche ihn seit Tagen. Bis jetzt keine Spur. Meine Frau findet, ich spinne. Sie hat wohl Recht. Aber ich will es unbedingt wissen: Wer ist dieser Mann?

Ich bin immer auf der Suche nach guten Geschichten. Das ist mein Job als Journalist. Als Zeitungs- und Radiomann muss ich die Augen offen halten. Mich interessieren Menschen, die anders sind, Irrwege und Zufälle. Ich bin ein Profi für alles Abnorme, für das, was dem Einerlei die Suppe versalzt. Das wollen die Leute lesen. Aber diesmal fühlt es sich anders an. Hier geht es nicht um Karriere oder Auszeichnungen oder einen guten Plot, hier geht es um mich.

29. Juni: Sophie hat 36 Minuten Pause und braucht mehr

Die Sache mit dem Tidecamp liegt schon wieder über einen Monat zurück. Ich bin wie immer ins Büro gegangen, habe Frau Meier, meine Katze, gefüttert, einen Urlaub gebucht, übers Kinderkriegen nachgedacht und hier und da was auf Facebook gepostet. Der ganz normale Alltag eben. So eine Camp-Euphorie verfliegt schnell, das kenne ich schon. Am liebsten will ich mein ganzes Leben ändern. Aber dann ist der Alltag so ausgefranst, überall ribbelt es, man weiß nicht, wo man anfangen soll. Und wenn ich dann endlich einen Faden aufgenommen habe, denke ich, dass die anderen noch viel dringender sind. Deshalb lasse ich es erst mal ganz.

Jetzt ist Mittag, ich habe 36 Minuten Pause, aber das schaffe ich nie. Ich sitze im Luna, da scheint die Sonne auf die Tische und die Pasta ist lecker. Neben dem Teller liegt die Süddeutsche, aber ich starre in der Gegend herum. Da entdecke ich diesen Typ von der Elbe wieder, den mit der Taube auf der Schulter. Nur diesmal ohne Taube. Ich will schon „Hallo" rufen, da fällt mir ein, dass der mich ja gar nicht kennt. Aber er kommt schnurstracks auf mich zu und lächelt mich an, dass mir beinah das Herz stehen bleibt. Noch bevor ich überlegen kann, was ich jetzt sagen soll, setzt er sich neben mich und sagt:

„Hallo, ich heiße Jesus."

„Hallo." Dann weiß ich nicht weiter. Ich bin nicht gut in solchen Sachen. Ich meine damit, ich bin nicht mutig. Dem würden viele meiner Freunde widersprechen. Du fährst allein auf so ein verrücktes Wochenende. Du pilgerst ohne Handy durch Spanien. Du traust dich, vor wichtigen Leuten zu reden. Stimmt alles. Aber mit einem zu reden, den ich so richtig interessant finde und der nur eine Armlänge entfernt von mir sitzt, das traue ich mich nicht. Mir fällt nichts Witziges ein. Weiter komme ich nicht mit meinen Gedanken.

„Holst du mir einen Kaffee?"

„Warum bestellst du mir keinen?"

Ich lächle so gewinnend wie möglich.

„Von mir kannst du was ganz anderes kriegen als Kaffee."

Meint er das ernst? Ich versuche seinen Blick zu erforschen. Aber da ist nichts Machomäßiges. Er meint das ernst.

„Und das wäre?"

„Das, wonach du suchst."

„Wie meinst du das?"

„Wer echt lebt, hat nie mehr Durst. Nicht auf Kaffee, nicht auf Rotwein. Der braucht keine Schokolade, keinen Wellnessurlaub und keine Glücksratgeber. Der lebt. Das reicht."

Ich will widersprechen. Wenn ich eines nicht mag, dann ist es Esoterikgerede. Das Wahre, das Echte, das Ganze: Was, bitte, soll das sein? Aber ich tue es nicht. Mein Blick fällt auf das Zifferblatt meiner Uhr. 36 Minuten. 37, 38, 39. Ich denke an die Mails, die ich beantworten müsste, und mache keine Anstalten aufzustehen.

Er schiebt seinen Stuhl ein Stück zurück, und ich denke schon, er will gehen.

„Hol deinen Freund", sagt er. „Dann erzähle ich euch beiden davon."

Ich denke an Piet und dass wir gestern Abend beim Griechen waren, wo ich viel zu viele Knoblauchkartoffeln gegessen habe und die Honigbällchen mit Zimt hinterher, so dass mir schlecht war wie jedes Mal. Und dass wir viel zu oft zum Griechen gehen, weil wir danach einen Grund haben, ins Bett zu fallen und an Sex nicht mehr zu denken ist, weil uns ist ja schlecht, und das ist eine gute Entschuldigung fürs Nichtwollen. Am Morgen wache ich auf und tue so, als ob nichts wäre. Das trifft es ja eigentlich auch: Da ist nichts mehr.

„Ich habe keinen Freund", höre ich mich sagen.

Eine erschütternde Bilanz. Ich weiß nicht, ob ich es so meine.

Er nickt nur.

„Du hast fünf Männer gehabt." Er sagt das ohne Vorwurf, so wie man sagt: Das Jahr hat zwölf Monate und nun ist Juli. „Dieser ist auch nicht dein Mann."

Ich will ihm erklären, dass ich eigentlich so nicht bin. Dass ich mir doch genau das wünsche, heiraten, bis dass der Tod uns scheidet, und Liebe ohne Ende.

„Walzer, Hochzeitsreise, Daunenbett", ergänzt er.

Ich nicke. Ja, so. So, genau so.

„Ich habe dafür gebetet", sage ich, und es ist mir ein bisschen peinlich, denn ans Beten glaube ich doch eigentlich nicht. „Nicht einmal, nicht zweimal, immer wieder. Ich habe Bücher gelesen und war sogar auf einem Seminar. Aber es nützt nichts. Irgendwas mache ich falsch."

„Ich glaube nicht, dass es um Richtig oder Falsch geht. Wenn man versucht, alles richtig zu machen, ist es schwer, wahrhaftig zu sein."

Er steht auf, lächelt und sagt: „Wir sehen uns."

Dann ist er weg.

10. Juli: Jesus tanzt

Wir sehen uns auf einer Hochzeit wieder. An dem Tag, als wir uns im Luna begegnet sind, bin ich nach Hause gegangen und habe Piet gesagt, es ist vorbei. Er hat das Sofa genommen und noch ein paar andere Sachen und ist gegangen. Die Wohnung fühlte sich leer an. Ich fragte mich, ob ich verrückt bin. Als ich mir einen Kaffee kochen wollte, gab es keine Kanne mehr. Ich dachte an Jesus und seine Frage, ob ich ihm Kaffee hole. Nicht mal das könnte ich jetzt.

Nun also Hochzeit. Es ist nicht besonders lustig, als Wieder-mal-Single auf eine Hochzeit zu gehen. Ich habe die ganze Zeit das Gefühl, mich erklären zu müssen. Jakob und Anika sind seit drei Jahren zusammen und alles ist perfekt. Nicht übertrieben perfekt, sondern so normal-perfekt. Sie sehen normal-gut aus, sind normal-nett, wollen drei Kinder, haben eine zusammengewürfelte Wohnung mit einem Flohmarktsofa aus den 70ern und Jakob kann Kürbistortellini machen zum Umfallen. Das hier ist auch kein teures Restaurant, es gibt kein Fünf-Gänge-Menü und keine Kutsche. Trotzdem ist es eine Traumhochzeit. Das geht mir gegen den Strich. Warum nicht ich? Das ist schäbig, ich weiß. Ich denke an Piet, in solchen Momenten hat die Sentimentalität ja leichtes Spiel. Ich leere mein zweites Glas Wein und muss mich entscheiden, ob Betrunkensein schön wäre. Ich greife nach der Flasche. Sie ist leer. Na toll. Und jetzt? Überall rennen Kinder rum. Mir fällt der Satz vom echten Leben wieder ein. Was soll das eigentlich sein? Ist das hier echt?

Echt, das ist ja in der Regel was Wertvolles. Ich überlege, was mir wertvoll ist. Vielleicht die Tasse Tee am Morgen, bei der mich noch keiner nervt. Mein Notebook, weil die Tasten genau den richtigen Tippwiderstand haben. Mein Bett, obwohl es austauschbar ist. Mehr fällt mir gerade nicht ein. Mein echtes Leben besteht also aus Tee, Computer und Bett? Jetzt brauche ich wirklich Alkohol. Ich drehe mich nach einer Weinflasche um, da entdecke ich Jesus. Er spricht mit einer Frau. Sie sieht aus wie seine Mutter, wegen der Augen, aber auch wegen der Art, wie sie miteinander reden.

„Hör auf, dich dauernd einzumischen", faucht er, lauter, als man das bei einer Hochzeit tut. Sieh an, auch nicht alles perfekt. Ich weiß nicht, ob ich enttäuscht oder erleichtert bin.

„Warum bist du nur immer so stur", zischt sie zurück. „Der Wein ist alle. Tu doch was, bevor die Gäste es merken!"

Och nö, denke ich. Kein Wein mehr? Ich meine: Ich brauche nicht zwingend Wein. Ich mag zum Beispiel auch Johannisbeersaft. Aber doch nicht jetzt, doch nicht hier. Wenn ich schon allein auf einer Hochzeit bin, dann will ich mich wenigstens auf diese Art amüsieren. Als eine Art Entschädigung.

Plötzlich steht Jesus vor mir. Mit großer Geste schenkt er mir Wasser ein. Er hat sich ein Geschirrtuch über den Unterarm geworfen und geht von einem Tisch zum nächsten. Hier und da deutet er einen Diener an. Was für ein Clown, denke ich und muss lachen.

Ich nippe an meinem Glas. Da dreht sich mein Tischnachbar zu mir. „Wow", sagt er. „Das schmeckt ja unglaublich", und deutet auf das, was nichts als Wasser sein sollte.

Ein Bild tritt in meinen Kopf. Ich bin auf einmal wieder das kleine, fünfjährige Mädchen mit den blonden Zöpfen. Ich sitze im Sandkasten und backe Kuchen in diesen bunten Förmchen. Kleine Steine sind die Schokostücke, ich verziere die Törtchen mit Butterblumen. Und dann beiße ich rein, nicht in echt, sondern so, wie man das gemacht hat damals. Es ist lecker, und nie wäre ich auf die Idee gekommen, enttäuscht zu sein, weil es kein echter Kuchen ist. Er war ja echt. Nur anders.

„Normalerweise gibt es doch zuerst den Superwein und später, wenn alle beduselt sind, den billigen." Mein Tischnachbar lacht. „Hier wird's ja immer besser."

Und plötzlich fällt eine Erkenntnis wie ein Sack voll Federn auf meinen Kopf. Vielleicht wird ja tatsächlich alles immer besser. Einfach mal abwarten. Piet ist jedenfalls alle. Wie der Wein. Was das hier in meinem Glas ist, weiß ich nicht. Aber es ist gut.

Der DJ spielt *Coldplay*. Helle Töne. Ich schaue mir meinen Nachbarn an. Er hat braune Locken.

10. Juli: Alex und der Wasserwandler

Jesus auf einer Hochzeit, ich glaub es nicht. Eigentlich wollte ich gar nicht mitgehen. Marions alte Schulfreundin Anika – ich fand sie sofort unsympathisch – hat ihren Jakob geheiratet. Wir sitzen an einem langen Tisch, der DJ ist brav, die Leute sind dröge. Wir haben uns die Bäuche vollgeschlagen. Marion ist sauer, weil sie findet, ich tanze zu wenig und trinke zu viel. Sie hat ja Recht. Darauf einen Schluck. In diesem Moment steht er neben mir, der Rumsitzer, Jesus, er steht da mit einer Flasche Wasser und will mir eingießen. Ich sage Hallo und Ist-ja-nicht-wahr, er sagt nichts, lächelt, gießt mir ein bis an den Rand.

„Wo warst du, ich hab dich überall gesucht?", frage ich und trinke das Glas mit großem Schwung aus.

„Wirklich?"

Meine Frau blickt ihn skeptisch an und antwortet süffisant: „Wirklich."

Aber da ist er schon weg, schenkt auch den anderen Leuten Wasser ein. Auf meiner Zunge ein irres Gefühl. Aroma pur. Wasser? Seltsam. Wenn ich noch nüchtern wäre, würde ich an meinem Verstand zweifeln. Wir tanzen, ich tue betrunken, bin aber in Wirklichkeit noch ziemlich auf dem Posten. Ich beobachte Jesus, wie er durch die Reihen geht, sich um die Gäste kümmert, hier ein Lächeln, dort ein paar Worte. Die Stimmung wird besser, der DJ scheint kein Abstinenzler zu sein, alle trinken und tanzen und rufen „Prost", „auf das Leben, auf die Liebe" und solche Sachen.

Ich küsse meine Frau. Salsa. Aus den Augenwinkeln beobachte ich Jesus, der Teller abräumt, gemeinsam mit ein paar Frauen. Ich küsse meine Frau nochmal und flüstere ihr ins Ohr: „Der viele Wein, bin gleich wieder da."

In der Küche finde ich ihn. Er wäscht ab, scheint versunken, doch ehe ich bei ihm bin, fragt er: „Du hast mich also gesucht?"

„Seit Tagen schon. Ich bin das U-Bahn-Netz fünfmal abgefahren."

„Aber als ich auf dem Platz saß, da bist du eines Tages nicht mehr gekommen."

„Das hast du gemerkt?"

„Ich habe in einem Camp gelebt die letzten Tage. Vor der Stadt. Freundliche Leute, nur ohne Papiere." Er drückt mir das Geschirrtuch in die Hand. „Es geht um Konsequenz. Um Entscheidungen. Und was macht dein Leben, Alex?"

13. Juli: Besuch bei der alten Dame

Ich bin nicht mit dem Braungelockten nach Hause gegangen. Es wäre so naheliegend gewesen. Aber ich wollte nicht.

Jakob hat angerufen. Seine Schwiegermutter ist weg. Ich habe sie nur einmal gesehen, aber genug von ihr gehört. Eine nervtötende alte Dame, die über alles jammert. Vor allem über ihre Krankheiten. Dabei kann sie gar nicht so alt sein. An die siebzig. Wollte ihr Leben lang Kinder und mit 42 hat es dann geklappt. Anika musste sich ihre gesamte Kindheit über anhören, wie anstrengend das war, so spät noch ein Kind zu bekommen. Deshalb entschuldigt sie sich heute für alles.

Aber Anika redet nicht viel über ihre Mutter. Jakob dafür umso mehr. Sie regt ihn fürchterlich auf. Sie wohnt in einem exquisiten Altenheim und lässt sich den Hintern abwischen. Wahrscheinlich schikaniert sie das Personal bis zum Wahnsinn. Sie hat nicht wie andere Leute Grippe oder Halsweh. Bei ihr ist es eine Lungenentzündung oder der Verdacht auf einen Tumor. Anika hat dann ein schlechtes Gewissen, eilt zu ihr und muss sich anhören, dass man früher alte Leute nicht einfach in Heime gab. Und ob Anika endlich schwanger sei.

Gestern hatte sie Fieber. Jakob hatte Anika überredet, erst nach Feierabend zu ihr zu fahren, aber da war ihre Mutter weg. Es ist nicht so leicht zu rekonstruieren, was passiert ist. Fest steht, dass sie Besuch hatte, und das allein ist schon ein Wunder, denn wer um Himmels willen besucht sie schon freiwillig? Die Pflegerin sagt, es war ein Mann, jung, so um die dreißig. Er saß an ihrem Bett und hielt ihre Hand. Eine ganze Weile. Manchmal hatte er sie auch auf ihre Stirn gelegt. Sie soll ganz ruhig gewesen sein – und allein das sei ja schon ein Wunder, sagt Jakob, denn normalerweise redet sie mit ihrer schnarrenden Stimme ohne Unterbrechung.

Das war's. Mehr habe die Pflegerin nicht berichtet. Außer, dass am Abend das Fieber weg war und heute Morgen sie selbst.

14. Juli: *Blechwagen und Buletten*

Ich habe Marion angelogen. Gesagt, dass ich auf Reportage muss für ein paar Tage. Was mit Illegalen in der Bauwagenszene. Dass das endlich wieder mal eine gute Gelegenheit sei, ein wenig Straßenluft zu schnuppern.

Ich mache solche Sachen ein paarmal im Jahr. Ich brauche das, weil ich mir einrede, dass ich doch den richtigen Job habe. Sie hat gelächelt und „Ich liebe dich" gesagt. Trotzdem habe ich sie angelogen, wenigstens halb. Bauwagenszene stimmt, aber Reportage? Ich fühle mich eher wie auf einem Egotrip.

Auf dem dritten Bauwagenplatz, weit draußen im Osten, finde ich ihn. Kein wirklich schöner Ort, direkt neben einer Kartonfabrik. Bauzäune überall, viele Hunde. Ein paar Plakate künden ein Festival an. Viele Zirkuswagen. Grün und rot angemalt, die guten alten Doppelachser aus den 30er Jahren. Ich wollte früher auch mal so ein Peter-Lustig-Leben führen, aber dann kam Marion, und die hat einen Reinlichkeitsfimmel. Und dann Otto. Mir wird warm ums Herz, wenn ich an ihn denke, ich merke, dass ich mein leicht blödes Grinsen – O-Ton Marion – auf den Lippen habe.

Großes Durcheinander, jemand scheitert an einem Didgeridoo, viele laufen barfuß. Aussteiger und Wochenendhippies, dazwischen billige Lidl-Zelte, mindestens dreißig Bulgaren und Rumänen, einige Familien darunter. Ein paar Polizisten sind auch da. Aber die gucken nur. „Nur nach der Ordnung schauen. Muss ja, ne?"

Jesus verteilt Buletten. Er sitzt auf der Treppe eines grünen Blechwagens. Typ Castor, DDR-Produktion, ich kenne die von früher. Er drückt den Leuten eine Bulette in die Hand und ein Stück Brot. Die Jungs in den Zimmermannshosen lächelt er an, den Bulgaren legt er die Hand auf den Kopf und sagt zu jedem: „Für dich." Die Kinder bekommen doppelte Ration, sie lachen und geben damit an. Immer wieder diese Geste: Jesus legt seine Hand auf die Köpfe. Kein Streicheln, eher ein leichtes Anstoßen.

Als er einer Polizistin eine Bulette hinhält, gibt ihr Kollege das Zeichen zum Aufbruch. Die dicke Beamtin kann den Blick nicht von ihm lösen. „Gott segne dich", sagt Jesus. Sie dreht sich um, läuft weg, wir hören das Türenklappen der beiden Streifenwagen.

Jesus kommt auf mich zu. „Alex, schön dich hier zu sehen. Ich will einkaufen gehen, komm doch mit."

Wir laufen zur U-Bahn, fahren ein paar Stationen, laufen wieder. Jesus sagt kein Wort. Ich genieße es, neben ihm zu gehen. An einem Zebrastreifen halte ich ihn zurück, irgendein Bekloppter mit PI-Kennzeichen rumst an uns vorbei, aber Jesus scheint keine Angst zu haben vor Tod und Teufel.

In einem Einkaufszentrum, das seine besten Zeiten hinter sich hat, kauft Jesus Dosenfisch, Chips, Wein und eingelegte Paprika. Ich frage mich, was er wohl kochen will. Bei Görtz kauft er Damenschuhe, nicht die billigsten, Größe 40. Dazu eine Packung Strümpfe, 100 Prozent Baumwolle. Wir verlassen den Laden und Jesus steuert auf drei Frauen zu. Sie sitzen auf dem Boden im Schneidersitz, pastellfarbene Röcke verdecken die Beine. Sie betteln. Ich kann ihr Alter nicht einschätzen, sind sie so alt wie ich – oder viel älter? Sie sprechen

Russisch oder Polnisch, ich weiß es nicht genau. Jesus gibt der ältesten den Görtz-Beutel. Die Frau sagt etwas, Jesus auch. Er wiederholt es anscheinend in ihrer Sprache, denn sie nickt und lächelt. Erst jetzt fällt mir auf, dass ihre Fersen blutig sind.

„Bosnien", sagt Jesus im Weitergehen, „ein tolles Land."

Und nach ein paar Schritten: „Ich hebe meine Augen auf zu den Bergen. Woher kommt mir Hilfe?"

„Wie bitte?", frage ich zurück.

„Alex, wir müssen hinsehen lernen. Wir sind meistens ziemlich blind."

Er nimmt meinen Arm und zieht mich zurück zu den Frauen. Erst jetzt sehe ich, dass eine von ihnen rote Flecken am Hals und an den Händen hat. Sie kratzt sich, versucht die Stellen aber zu verstecken. Sie ist hager und wirkt beeindruckend stolz. Eine schöne Frau, denke ich. Unter anderen Umständen… Ich schäme mich. Bin ich so ein Arschloch?

Jesus geht auf sie zu. Er nimmt ihren Kopf, küsst sie auf das Haar, flüstert ihr etwas ins Ohr. Ich kann es nicht verstehen. Die Frau lacht, lautlos und aus vollem Herzen. Die beiden verharren einen Moment. Ich gucke mich um, sehe ein paar fahlgesichtige Alte, Typ rüstige Rentner, die aufdringlich zu uns schauen.

„Nimm die Schuhe und geh", sagt Jesus zu der Frau.

Er sagt das laut und auf Deutsch, und er schaut auch die gaffenden Alten dabei an. Sie verkrümeln sich und Jesus zieht mich zum Würstchenstand. Wir essen Pommes, dann kauft Jesus eine Zeitung und Briefmarken, ich überfliege die Schlagzeilen des Blattes, für das ich hauptsächlich schreibe.

Wie immer, wenn ich in diesen PresseLottoTabak-Läden stehe, finde ich, dass das auch ein guter Job für mich wäre. Diese Aufgeräumtheit, der stete Tabakgeruch, frische Zeitungen, Stammkunden, die verlässlich wechselnden Lottozahlen.

16. Juli: Sophie gießt ihre Zimmerpalme

Schon zwei Stunden klicke ich sinnlos bei Facebook herum. Ich habe einen freien Abend. Seit Piet weg ist, sind solche Abende komisch. Erst freue ich mich drauf, aber dann weiß ich nichts mit mir anzufangen. Meistens lande ich mit einer Flasche Wein auf dem Bett und merke nach zwei Gläsern, dass mich auch das nicht erfüllt. Dann gehe ich zu Facebook, mal gucken, ob irgendwo irgendwas passiert.

Von Jakobs Schwiegermutter fehlt weiterhin jede Spur. Man hört ja öfter mal, dass verwirrte alte Leute tagelang herumirren, bevor man sie findet. Aber Jakobs Schwiegermutter war eigentlich nie verwirrt. Und das hieße doch, sie ist einfach ausgestiegen, oder? Mir reicht's, ich gehe, tschüss. Verrückt. Ich kann nicht leugnen, dass ich das mutig finde. Ich würde mich das nicht trauen. Aber vielleicht hat man mit siebzig auch weniger zu verlieren. Wobei: Was habe ich zu verlieren?

Lustlos scrolle ich weiter, und da sehe ich ein *Post* von Johannes: „Blinde sehen, Lahme gehen und den Armen werden gute Nachrichten gebracht. #Halleluja." Typisch Johannes. Darunter hat er ein paar Bilder gesetzt. Ein Haufen Leute drängelt sich in einer Kirche. Moment. Das ist doch meine Kirche, also, die Kirche um die Ecke mit ihren weißen Eingangsportalen. Was machen die alle dort? Dann erkenne ich Jesus. Er steht schräg vorm Altar, hat einen Arm um einen Jungen gelegt, und auch den Jungen kenne ich. Na ja, kennen ist vielleicht zu viel gesagt. Er sitzt fast jeden Tag auf einer Matte vor dem Einkaufszentrum und bettelt. Ein kleiner Rumäne, seine Beine sind irgendwie verdreht, und ich glaube, dass der jeden Morgen von so einer Bande da hingekarrt wird. Deshalb gebe ich ihm nie etwas. Das kennt man doch, da verdienen ein paar Schweine dran und diesen Kindern nützt das gar nichts.

Auf dem Foto aber steht der Junge. Ich meine, er steht auf seinen eigenen Beinen, hat die Matte unter den Arm geklemmt und strahlt. Ich klicke das Bild größer, aber kein Zweifel: Er ist es. Entweder er kann auf einmal laufen oder er war nie gelähmt.

Es gibt 183 Kommentare dazu. Hundert-drei-und-achtzig!

- *Krass! Noch nie so was Krasses erlebt!*
- *Du glaubst das doch nicht? Dann ist dir nicht zu helfen! Die wollen mit solchen Aktionen doch nur an das Geld der Leute!*
- *Abgekartetes Spiel. Wie soll das denn gehen?*

– *Ich war dabei. Ich habs deutlich gehört. Er hat gesagt: Nimm deine Matte und geh. Und da ging er!!!*
– *Der hat ihn halt aufgerichtet. Im wahrsten Sinn des Wortes.*
– *Esoterischer Scheiß!*
– *Guck doch, wie viele Leute dabei waren. Die können sich ja schlecht alle täuschen, oder?*
– *Bist du naiv! Das ist ne Sekte. Der hat irgendwas gesagt von: Du kannst jetzt neu anfangen oder so.*
– *Was sagt denn die Kirche dazu?*
– *Leute, ihr habt ja keine Ahnung. Ihr hättet halt einfach dabei sein müssen.*

Ich sitze auf meinem Bett und starre auf den Bildschirm und habe das Gefühl, das Leben findet eine Straße weiter statt. Ich stehe auf und gieße mit dem restlichen Wein meine Zimmerpalme. Dann lege ich mich ins Bett und denke ein bisschen nach. Ich wäre gern dabei gewesen.

18. Juli: Jesus predigt

Ich kann es nicht genau erklären, aber ich liebe diese Kirche. Nicht weil sie so wunderschön ist, aber diese Stimmung hier, die ist besonders. Alte Holzplanken auf dem Boden, vorne diese grauen Steinfliesen, die hundertfach geflickt sind. Und dann das Gold am Altar, das alles ist so wunderbar barock und gebraucht, das hat auch was von Bohème und Manufaktum. Und dennoch ein Raum, der über den Dingen steht und nicht kernsaniert und gedämmt und verschandelt werden kann. Wo gibt's das denn sonst noch? Ich komme gerne hierhin, sonntags, wenn es fast voll ist und alle zusammen singen. Marion sitzt neben mir, Otto auf meinem Schoß. Die Orgel hat so etwas Erhabenes, früher im Musikunterricht, da hieß es immer, die Orgel sei die Königin der Instrumente. Sie geht in Mark und Bein, eine Unmenge Luft, die da bewegt wird, und bei den Bässen vibriert die Kirchenbank.

Ich schaue Marion aus den Augenwinkeln an, denn meist ist sie skeptisch dem Ganzen hier gegenüber, aber sie singt. Ihre Augen sind geschlossen. Eine Frau geht nach vorne, sie schlägt die Bibel auf. Der Klang eines Gongs hallt durch die Kirche und wir stehen auf. Die Frau beginnt zu lesen:

„Es war ein Mensch, der hatte eine verdorrte Hand. Und sie lauerten darauf, ob er auch am Sabbat ihn heilen würde, damit sie ihn verklagen könnten. Und er sprach zu dem Menschen mit der verdorrten Hand: Tritt hervor! Und er sprach zu ihnen: Soll man am Sabbat Gutes tun oder Böses tun, Leben erhalten oder töten? Sie aber schweigen still. Und er sah sie ringsum an mit Zorn und war betrübt über ihr verstocktes Herz und sprach zu dem Menschen: Strecke deine Hand aus! Und er –"

„Strecke dein Herz aus!"

Ich fasse es nicht, Jesus, hier in der Kirche. Er läuft nach vorn, stellt sich neben die Frau und schaut uns an.

„Streckt euer Herz aus. Deswegen seid ihr doch hier, oder nicht?"

Keiner sagt etwas. Das Schweigen dauert. Ich merke, wie mein Herz zu rasen anfängt.

„Papa", quengelt Otto in das Schweigen, „Kraktor."

Einige lachen. Ein Baby beginnt zu schreien.

„Nun guckt nicht so entsetzt", sagt Jesus mit einem Lächeln um die Lippen. Er kommt auf uns zu, auf Höhe der dritten Reihe bleibt er im Mittelgang stehen.

„Stellt euch das doch mal vor, damals, es gab Regeln für alles. Für alles! Wann einer gesund werden durfte und wann nicht. Stellt euch mal vor, statt einer offenen Tür hättet ihr vorhin nur ein Schild gefunden: *Heute keine Lieder. Kein Trost. Ermutigung erst morgen wieder.* Wer hat das Recht, Nein zu sagen, wenn eine sagt: Ich brauche dich. Ich habe Hunger. Hast du einen Platz zum Schlafen?

Ich komme gerade von einem Camp, draußen vor der Stadt. Da leben viele in großer Angst. Weil sie nicht unsere Sprache sprechen und seit drei Jahren hören, sie seien illegal. Illegal – also ohne Rechte. Die haben erlebt, wie sie an einer Kirchentür geklopft und nach einem Schlafplatz gefragt haben, und die Kirchendienerin – Kirchendienerin! – hat gesagt: Wir haben erst am Montag wieder Offene Kirche. Und auf den Ämtern in dieser Stadt heißt es: Wir sind nicht zuständig. Illegal, das gibt's doch gar nicht, das geht überhaupt nicht! Streckt eure Herzen aus!"

Jesus senkt die Augen. Er geht den langen Gang nach hinten zur Kirchentür. Viele sind aufgestanden und schauen ihm nach. Marion steht auf den Zehenspitzen. In einer Reportage würde ich wohl schreiben: „Ein erschreckender Frieden stand ihnen ins Gesicht geschrieben."

Die Frau am Lesepult räuspert sich, sie weiß nicht so recht, was sie tun soll. Dann liest sie einfach weiter. „Und die Pharisäer gingen hinaus und hielten Rat über ihn mit den Anhängern des Herodes, wie sie ihn umbrächten."

25. Juli: What if God was one of us?

Die U2 rumpelt stadtauswärts über die alten Brücken. Sie spannen sich über Kanäle, so dass man denken könnte, es sei Venedig, wären da nicht die Fabrikhallen, von denen man nicht weiß, ob jemand gestern oder vor zehn Jahren alles stehen- und liegengelassen hat. Ich fahre bis zur Endstation, was normalerweise niemand tut, der alle Sinne beisammen hat.

Es riecht streng in der Bahn, ich glaube, das kommt von dem Mann, der schräg gegenübersitzt. Verstohlen schnüffele ich an meiner eigenen Jacke, nur um sicherzugehen. Aber ich bin's nicht. Außerdem habe ich vor zwei Stunden geduscht. Ich fahre nämlich zu einer Party, falls man das so nennen kann. Partys beginnen selten sonntagmorgens um elf. *Eat, Pray, Love* stand im Internet und binnen einer Stunde hatten 300 Leute zugesagt. Ich auch. Diesmal will ich dabei sein. Die Party findet auf einem Bauwagenplatz statt. Bauwagenplätze finde ich zwar prinzipiell cool, weil ich mich über jeden freue, der keine Karriere als Unternehmensberater anstrebt, sondern die Gesellschaft ein bisschen bunter macht. Trotzdem wäre das nichts für mich. Ich glaube nämlich, die Leute, die da leben, sind genauso anstrengend wie Leute in einem stinknormalen Miethaus in einer deutschen Kleinstadt. Nur dass es da keine Kehrwoche gibt, sondern wöchentliche Diskussionen, wie man korrekt *anti* ist. Ich glaube, dass es genauso viel soziale Kontrolle gibt, vielleicht sogar mehr, und du nicht ohne weiteres einen Ikea-Einkauf einschieben könntest.

„Endstation. Dieser Zug endet hier. Bitte alle aussteigen."

Die Ansage reißt mich aus meinen Gedanken, ich drücke auf den blinkenden Knopf und dann stehe ich etwas ratlos auf dem Bahnsteig, weil ich nicht weiß, wohin. Bis ich die Kreidebuchstaben zu meinen Füßen entdecke. *Eat, pray, love: Hier geht's lang.*

Ich folge bunten Pfeilen, überquere eine Kreuzung, komme an Lidl und Netto vorbei und fühle mich wie auf einem Kindergeburtstag. Schnitzeljagd. Dann stehe ich vor einem Bretterzaun. Auf einem Bettlaken steht *Seelenfutter: Eat, pray, love*. Ich sehe Bauwagen in allen nur erdenklichen Farben.

Rot mit gelben Fensterläden, gelb mit türkisen Rädern und einen Wagen, der ist grün-weiß gepunktet. Das Ganze sieht aus wie Legoland in Groß, nur, dass hier und da der Lack abgeblättert ist. Ich habe mich schon oft gefragt, warum Menschen ihre Häuser grau streichen. Oder beige. Oder garnichtfarben. Ist graue Farbe billiger als bunte? Oder ist das ein Statement: Bitte beachten Sie mich nicht, ich tue nichts zur Sache. Ich bin ein durchschnittlicher Bürger und stehe für nichts. Oder haben die Bewohner Angst, man könnte sie in einem gelben Haus für kindisch halten? Aber was wäre dann Schweden? Ein 500 Quadratkilometer großer Kindergarten?

Eine Frau steht vor mir. Ich glaube, sie hat was gesagt.

„Hallo, herzlich willkommen!", setzt sie nochmal an, dann führt sie mich zu einer Wiese, die mit Kissen und Decken übersät ist. Ein riesiger Flickenteppich, auf dem bereits siebzig oder achtzig Leute Platz genommen haben. Ich setze mich dazu und fühle mich ein bisschen verloren, weil ich keinen kenne. Da entdecke ich Jesus, aber ich traue mich nicht rüberzugehen, schließlich kann der ja nicht jeden einzeln begrüßen. Immer mehr Leute strömen auf die Wiese. Ich versuche Jesus nicht aus dem Blick zu verlieren. Es ist ein bisschen wie verliebt sein, ohne verliebt zu sein. Ich meine, ohne etwas zu wollen, eine Beziehung oder so. Komisches Gefühl. Da geht die Musik los. Sie überfällt mich aus heiterem Himmel. Alle Härchen an meinem Körper stehen Kopf. Trommeln, Trompeten, Gitarren, Akkordeon, es klingt wie ein riesiges

Balkanorchester. Ein paar Leute fangen an zu singen, andere stimmen ein, es werden immer mehr, sie wiederholen nur eine einzige Zeile, und nach und nach verstehe ich, was sie singen: *What if God was one of us, just a slob like one of us, try to make his way home.* Immer lauter wird der Gesang, immer schneller die Musik. *What if God was one of us,* wieder und wieder. Nicht möglich, sich dem zu entziehen, lauthals singe ich mit. Ich bin glücklich.

Die Musik bricht ab. Die Stille ist ohrenbetäubend.

„Glücklich", beginnt Jesus, „sich von dem Leben lösen zu können, das man geplant hat, damit man das Leben findet, das auf einen wartet."

Ich denke gerade nach, ob das stimmt, da ruft einer: „Was heißt das denn schon, Glück?" Jesus schaut in seine Richtung und antwortet: „Gott nah zu sein. Das ist Glück." Ich weiß nicht. Das sagt sich so leicht. „Meistens", fährt Jesus fort, „stellen wir uns doch vor, dass wir hier sind und Gott ist ganz weit weg. Es ist aber genau umgekehrt: Gott ist hier und wir sind ganz weit weg. Gott wartet." „Wo?", ruft eine andere. „In deinem eigenen Herz. Wer zu sich kommt, kommt an Gott nicht vorbei. Und umgekehrt auch nicht." „Das ist doch nur seichtes Gequatsche! Wir müssen die Welt verändern. Es läuft so viel falsch, den massenhaft gequälten Tieren oder einem gefolterten Oppositionellen wird es kaum helfen, wenn du auf dein Herz hörst. Wir müssen handeln, nicht fühlen!"

Jesus grinst ein bisschen.

„Hast du je davon gehört", fragt er, „dass es etwas nützt, wenn man über einen kaputten Motor eine neue Karosserie baut? Das Auto wird trotzdem nicht wieder fahren. Oder nützt es etwa, ein Update auf ein völlig veraltetes Betriebssystem zu spielen? Wir müssen von vorn anfangen. Und welcher Anfang liegt näher als du selbst?"

später

Es gibt Essen. In drei Töpfen brodelt Kürbissuppe. Sie sind riesig, früher haben wir in so einem Topf immer Kirschen eingekocht und auch Gurken. Gurken mochte ich nie, die Kirschen aber sehr. Manchmal habe ich einen Kern verschluckt und hatte dann ein furchtbar schlechtes Gewissen, weil man das nicht tun sollte, wegen der Bauchschmerzen und noch Schlimmerem. Jedenfalls passen in so einen Topf dreißig Liter und man kann ihn direkt in die Steckdose stöpseln.

Während ich aus meiner Ernie-und-Bert-Tasse schlürfe, frage ich mich, wer den ganzen Kürbis geschnitten hat. Da höre ich Geschrei. Ich drehe mich um, denn das passt überhaupt nicht hierher, an diesen friedlichen Ort und auch nicht in meine Sonntagsstimmung.

„Du kommst jetzt mit, das brauchen wir überhaupt nicht weiter zu diskutieren!"

Die Stimme kommt mir bekannt vor und tatsächlich entdecke ich Jakob. Sein Gesicht ist feuerrot, er ist wirklich wütend.

„Nein", antwortet eine Stimme seelenruhig, „das werde ich nicht."

Ich glaube nicht, was ich da sehe. Die Frau trägt graues Haar und eine geringelte Bommelmütze. Es ist Jakobs Schwiegermutter.

„Ich sehe überhaupt nicht ein, warum ich in dieses schreckliche Heim zurückgehen soll."

„Weil du krank bist! Und weil 76-Jährige nichts auf Bauwagenplätzen zu suchen haben!"

„Ach, und wer sagt das? Ich habe mein ganzes Leben getan, was man tun soll. Es wird höchste Zeit, das zu tun, was ich will."

„Und was willst du hier?" Jakob macht eine hilflose Geste und zeigt auf die Wohnwagen.

„Leben."

„Du bist verrückt."

Ich neige dazu, ihm Recht zu geben. Grundsätzlich ist es natürlich gut, das zu tun, was man selber will. Dafür ist es nie zu spät. Aber gilt das auch für eine alte Frau, die bis vor einer Woche noch in einem Krankenbett mit verstellbarem Rückenteil lag und von zwei Pflegerinnen betreut wurde?

„Jetzt sag du doch mal was, das ist doch völlig unverantwortlich!", herrscht Jakob Jesus an.

„Ich habe sie eingeladen mitzukommen."

„Du hast was?"

„Ich hatte das Gefühl, ihr fehlt was. Ein bisschen Himmel."

26. Juli: Alex zieht aus

Wir streiten, Otto quengelt. Marion wirft mir vor, was sie mir immer vorwirft. Dass ich mich nicht genügend einbringe, dass ich mit den Gedanken nicht bei ihnen bin. Und dass wir eigentlich gar keine richtige Familie sind, sondern nur eine Schicksalsgemeinschaft. Sie sagt das immer mit diesem bitteren Zynismus, den ich an ihr hasse, weil wir, als sie schwanger wurde, eben nicht mehr zusammen waren. Ich kenne dieses Lied in- und auswendig. Und sage, was ich immer sage: Dass das überhaupt nicht stimmt und dass ich sie liebe und dass das Leben manchmal eine Vorlage gibt und man das Ding dann reinmachen muss. Sie weint, ich bin genervt, Otto isst Kartoffeln und Brot. Schöner Sonntag, denke ich mir. Aber es geht noch weiter. Sex hätten wir auch schon nicht mehr seit ein paar Wochen, die letzten fünf Tage musste sie alles alleine machen, die Wohnung sei ein einziges Chaos und sie hätte dazu keine Lust mehr. Ich bin wütend, weil das so ja alles nicht stimmt und auch Marion ihre Auszeiten nimmt, wenn sie mit Otto in den Süden zu ihren Eltern fährt, um Energie zu tanken, wie sie das nennt. Außerdem ist sie selbst manchmal tagelang innerlich abwesend, wenn sie in einen Auftrag versunken ist und an nichts anderes denken kann als an ihren Job. Ich hasse diese sinnlosen Tiraden und ich kann mit diesem Scheißpessimismus nichts anfangen. Verdammt, das Leben ist doch gar nicht so kompliziert. Scheiße!

„Ich klinke mich aus, Marion. Für ein paar Wochen. Du wolltest doch sowieso zu deinen Eltern fahren. Wenn du Zeit brauchst für dich, frag ich meine Mutter wegen Otto. Die kann sicher kommen."

„Spinnst du? Alex, du bist so ein Arschloch! Wie immer, wenn du einen Spleen hast, müssen alle anderen drunter leiden."

„Einen Spleen? Ich hab keinen Spleen, ich arbeite. Ich will meine Reportage machen, das wird eine große Geschichte. Ich muss der Sache nachgehen."

„Reportage? Alex, erzähl nicht so einen Stuss. Du musst keiner Sache nachgehen, du rennst diesem Jesus hinterher. Hau doch ab!"

Ich versuche, sie in die Arme zu nehmen. Fehlanzeige. Sie rennt ins Schlafzimmer. Ich gehe mit Otto spazieren. Am Abend packe ich meine Tasche.

27. Juli: Bionade und Dämonen

Die Stühle sind nicht mehr aus den Siebzigern. Das hat sich verändert gegenüber früher, als ich zum Konfirmandenunterricht ging. Da war ich das letzte Mal in einem Gemeindehaus. Damals gab es durchsichtigen schwarzen Tee, in dem wir viel Zucker ertränkt haben. Heute Abend gibt es Bionade.

Ich fühle mich ein bisschen unwohl, weil ich nicht dazugehöre. Manchmal gehe ich in einen Gottesdienst, weil ich das Feierliche mag. Aber eine Gemeindeversammlung zu besuchen, wäre mir bis vor zwei Wochen nicht im Traum eingefallen. Vorn gibt es eine Bühne, da hat jemand zwei Tische hingestellt mit Gläsern drauf und einem Mikrofon, fast wie in einer Talkshow sieht es aus. An dem einen Tisch quetschen sich zwei Frauen, zwei Männer und der Pastor. An dem anderen Tisch sitzt Jesus. Die Veranstaltung hat was mit der Kanzelstürmung zu tun – so nennen die das – und ich glaube auch mit den Heilungen. Ich kann verstehen, dass ihnen das suspekt ist. Wenn jeder am Sonntag einfach so seine Sicht der Dinge verkünden würde, na dann gute Nacht. Das wäre mir auch zu anstrengend. Man sieht ja, was dabei rauskommt, wenn sich Prediger in die Fußgängerzone stellen. Die bekehren keinen, höchstens ein paar andere Irre. Nun könnte man natürlich sagen, so ein Prediger ist Jesus auch. Und genau genommen stimmt das sogar, nur das Merkwürdige ist, dass ich ihm zuhöre. Und ich bin nicht die Einzige.

Eine der beiden Frauen begrüßt uns und findet es schön, dass so viele gekommen sind. Dann wendet sie sich an Jesus. Sie findet das ja alles ganz gut, sagt sie. Das, was Jesus macht, und dass er so überzeugt ist. Er scheint ja eine besondere Gabe zu haben, was Menschen anbelangt, toll, so jemanden in der Gemeinde zu wissen. Aber. Da gäbe es ein paar Dinge, über die müsse man reden, das würde er sicher verstehen.

Zum Beispiel könne nicht jeder einfach die Predigt selbst in die Hand nehmen, darüber könne man zwar sicher auch mal nachdenken, eine offene Kanzel, vielleicht zu Pfingsten, aber im Alltäglichen, da habe man doch Menschen, die dafür ausgebildet sind, Hauptamtliche, das sagt ja schon der Name, die haben eben ein Amt.

„Ich habe auch ein Amt", erwidert Jesus.

Es ist der erste Satz, den ich von ihm heute Abend höre.

„Ich bin Gottes Stellvertreter."

Ein Raunen geht durch die Reihen.

„Und ihr sollt das auch sein", fährt er fort. „Jeder hier kann von Gottes Himmel erzählen. Jeder hier kann Kranke gesund machen. Jeder hier kann Dämonen austreiben, Dämonen, die Menschen kleinmachen und ängstlich. Fangt an, habt Mut!"

Ich höre den Unmut in den Reihen, aber er redet unbeeindruckt weiter. „Nehmt nichts mit auf den Weg, keine Versicherung, keine Vorratstasche, keine Kirchenvorstandsbeschlüsse und auch kein Geld. Lasst euch einladen, und lasst euch nicht entmutigen, wenn jemand euch wegschickt. Dann schüttelt den Staub von euren Füßen und weiter geht es!"

„Sie basteln sich ja Ihre eigene Religion!", ruft einer von links. „Sie feiern Partys auf Bauwagenplätzen, während hier Gottesdienste stattfinden! Stellen Sie sich etwa so Gottes Reich vor?" Er klingt sehr aufgebracht. Der Pastor greift zum Mikro, bevor der Entrüstungssturm richtig losbricht: „Wir kämpfen gegen geöffnete Einkaufspassagen am Sonntag.

Events sollen erst nach dem Gottesdienst beginnen. Da ist es nicht besonders hilfreich, wenn Sie mit Ihrem *Eat, pray, love* ein weiteres Event anbieten. Wo ist der Unterschied?"

„Ich lade Gott mit ein." Jesus sagt das in einer Ernsthaftigkeit, die naiv klingt. „Der Sonntag ist für den Menschen da und nicht der Mensch für den Sonntag. Er ist die Erinnerung ans Paradies."

„Und Sie laden ins Paradies ein?"

„Ja, genau", nickt Jesus. „Wir haben es in der Hand. Das Paradies, den Himmel auf Erden. Wir brauchen nur einzutreten."

Ich denke an den Bauwagenplatz, als ich mit den anderen gesungen habe. Ich weiß nicht, wie sich das Paradies anfühlt, aber ich habe mich leicht gefühlt. So als habe mir jemand für einen Moment meinen Rucksack abgenommen. Dass das Paradies einem normalen Sonntagsgottesdienst gleicht, bezweifele ich. Eigentlich hoffe ich, dass es das nicht tut.

Hinterher stehe ich ein bisschen verloren mit meiner Brause herum. „Er ist verrückt. Er ist vollkommen besessen von dieser religiösen Idee!", faucht eine Frau. „So war er früher nicht!"

„Seine Mutter", flüstert ein Typ neben mir. Er trägt ein gebügeltes Hemd und einen Parka. Irgendwoher kenne ich ihn.

„Traurig", antworte ich, „wenn nicht mal die eigene Mutter an einen glaubt."

Er nickt. „Ich bin Alex. Du bist auch wegen Jesus hier, oder?"

„Wieso?", frage ich, „sieht man mir das an?"

„Nee", lacht er, „aber ich habe dich hier noch nie gesehen."

„Ganz schön dramatisch das alles…", sage ich, weil mir sonst nichts einfällt und weil es ja auch stimmt. Er nickt. „Zu radikal für die meisten."

eine Stunde später

Es ist voll. Mehr passen in diese Kneipe wirklich nicht rein. Die Leute sitzen auf den Treppenstufen, sie lehnen an der Theke und an den Wänden. Ein paar quetschen sich am Eingang. Ich habe einen Platz auf der Fensterbank ergattert. Die Bedienung kommt nicht mehr durch. Sie gibt einfach alles an die Leute am Tresen und die reichen es weiter durch die Reihen. Ich frage mich, wie das am Ende bezahlt wird. Meistens ist es doch schon in einer Vierergruppe ein Problem, die Rechnung zu begleichen. Da wird alles feinsäuberlich ausgerechnet und dann muss sich auch noch aufs Trinkgeld geeinigt werden. Manchmal sagt einer großzügig: Teilen wir doch einfach durch vier, aber dann gibt es einen Vegetarier, dessen Nudeln billiger als das Steak waren, oder einen, der nur Wasser getrunken hat. Wie also soll das mit den ganzen Leuten hier klappen? Während ich unruhig darüber nachdenke, fällt mir auf, dass ich mir wieder mal Sorgen mache über Dinge, die mich nicht betreffen. Das ist nicht dein Job, Sophie, sage ich mir. Lehn dich zurück.

Ich schaue mir die Gesichter an. Sie leuchten. Ja, wirklich. Leuchte ich auch so? Es ist schön, so eng zusammenzusitzen. Meistens ist man doch darauf bedacht, einen Platz freizulassen, im Bus, im Kino, im Café. Bloß nicht zu nahe kommen. Mir fällt auf, wie oft Jesus jemanden berührt. Eigentlich jeden, mit dem er redet. Er legt seine Hand auf eine Schulter oder stößt jemanden an, wenn er lacht, ein paarmal strubbelt er Leuten durchs Haar. Es sind zärtliche Gesten, die mich irritieren, weil sie in meinem Alltag nicht vorkommen. Nur Behinderte und Betrunkene tun so etwas und vielleicht Kinder. Ich habe mal gelesen, dass Nordeuropäer mindestens fünfzig Zentimeter Abstand brauchen, sonst fühlen sie sich unbehaglich. Die hält Jesus ganz sicher nicht ein. Er rückt den Leuten auf die Pelle. Auch mit seinen Fragen. Ehrlich gesagt, sind es grenzüberschreitende Fragen: Wie viel verdienst du? Und wie viel gibst du ab? Dein Smartphone, was hat es gekostet? Brauchst du es? Hast du schon mal überlegt, es zu verkaufen?

Mir ist unwohl und zugleich denke ich: Endlich einer, der solche Fragen stellt. Der keine Angst vor dem Vorwurf hat, naiv zu sein. Es ist ja nicht das erste Mal, dass ich radikale Forderungen höre. Aber normalerweise von verquasten Theoretikern oder Spinnern. Von denen kann ich mich gut distanzieren.

Ich will mich ja eigentlich nicht von meinem Lebensstandard trennen. Denn wo hört das auf? Klar kann ich drei Pullover weggeben. Aber was ist mit den Hosen? Was ist mit meinen Ohrringen, dem Sparkonto, meinem Rennrad und all dem Technikkram? Ich will nicht arm leben. An Armut klebt immer etwas Muffiges, etwas Einsames. Triste Wohnblöcke und der saure Geruch ungewaschener Kleidung. Das ist nicht romantisch. Es macht mir Angst.

Merkwürdigerweise ist genau diese Angst verschwunden, wenn ich Jesus sehe. Er strahlt etwas anderes aus. Freiheit und Ungebundenheit. Aber es ist keine rastlose Ungebundenheit, sondern ein gelassenes Hier-und-Jetzt, das ohne Sorge zu sein scheint. Das irritiert mich. Denn eigentlich sollte ich, die ein gutes Gehalt hat, sorgenfrei sein und er sollte sich Sorgen machen, weil er das hier gleich irgendwie bezahlen muss. Wovon lebt er? Hat er eine Altersvorsorge, Winterschuhe, hat er Dosentomaten in der Vorratskammer, eine zweite Zahnbürste oder Aktien für harte Zeiten?

Ich nehme all meinen Mut zusammen und frage laut: „Wie machst du das? Warum bist du so gelassen? Hast du keine Angst vor morgen?"

Er schüttelt den Kopf. „Haben die Vögel Angst? Die Gänseblümchen, Apfelbäume und die Fische?"

„Nein", beginne ich, „aber…" „Sie produzieren nichts. Sie arbeiten nicht. Sie sorgen nicht vor. Trotzdem leben sie."
„Aber", wende ich ein, „dann kommt ein Kind und rupft die Gänseblümchen aus. Ihr Leben kann ganz schnell zu Ende sein." „Deins auch. Und wer hatte dann das bessere Leben?

Du, weil du dich gesorgt hast?" „Man muss vorsorgen. Das weiß jeder. Krankenversicherung, Altersvorsorge, Rücklagen."

„Oder Gott."

„Gott kann einen auch nicht retten, wenn einem der Strom abgedreht wird."

„Nicht?"

Er sieht mich so entwaffnend an, dass mir nichts mehr einfällt. Ich glaube das nicht. Vielleicht habe ich aber auch einfach nur Angst, es zu glauben.

27. Juli: Aufbruch

Kurz vor Mitternacht, die meisten sind schon gegangen. Ich trinke mein werweißwievieltes Bier. Was für ein Tag. Mir geht die Gemeindeversammlung durch den Kopf. Dreieinhalb Stunden lang, die erste in meinem Leben. Ich dachte immer, da geht es nur um Kleinkram, Dritte-Welt-Kekse und den nächsten Adventsbasar. Aber das war gut, richtig bissig. Die halbe Gemeinde – es waren so 150 Leute da, gab's wohl noch nie zuvor – ist losgegangen auf Jesus. Mit der Zeit wurde es immer ruhiger. Ratloser auch. Aber weniger aggressiv.

Was will Jesus eigentlich? Ich finde, er hat irgendwie immer Recht, bei allem, was er sagt. Vielleicht ja deshalb, weil es nie

Mainstream ist. Und trotzdem ist das nicht so klugscheißerhaft. Aber wo soll das hinführen?

Sophie reißt mich aus meinen Gedanken. Ihr Blick fragt, ob ich noch ein Bier will. Ich nicke. Nun kenne ich auch Sophie. Damals, auf der Hochzeit von Anika und Jakob, war sie mir schon aufgefallen. Sie war alleine, wirkte nachdenklich und verfolgte mit Adleraugen, was Jesus tat und sagte. Vorhin hat sie mir alte Geschichten erzählt, wie sie mit Anika zuerst ins Kloster und dann nach Spanien wollte. Jakobsweg, große Liebe, Blues, ein Leben als Pilgerinnen. Sie hat sich über Hape Kerkeling totgelacht, ich hab ihr von Marion und Otto erzählt.

Sophie stellt mir das Bier vor die Nase. Es ist ein wenig wie auf Klassenfahrt, der harte Kern sitzt noch zusammen. Alle sind irgendwie sanft und versöhnlich. Mir ist warm ums Herz. Ein akutes Zuhausegefühl schießt mir in die Brust.

„Es wird Zeit. Wer will mit mir kommen?"

Es ist still am Tisch.

„Wer kommt mit?", fragt Jesus noch einmal.

Ich nehme einen Schluck, stelle das Bier ab, muss mich räuspern.

Alle schauen auf Jesus, Sophie sitzt kerzengerade neben mir. Da ist die Frau vom Bauwagenplatz, sie ist ja schon älter, vor ihr ein volles Glas Rotwein. Dann: ein junger Kerl im Zimmermannsoutfit. Er war auch bei der Gemeindeversammlung und heißt Rafael. Daneben sitzen Julia und Marie,

FSJlerinnen aus Pinneberg. Sie waren im Tidecamp, von dem Sophie erzählt hat. Und dann ist da Maximilian, ein alter Pastor, er wohnt hier im Viertel und kauft samstags immer Fisch. Er hat vorhin von seiner kranken Frau erzählt, komischer Kauz. Daneben ein Paar, das ich nicht kenne. Und eine Alte mit geringelter Bommelmütze.

„Was heißt das? Wohin willst du denn?", fragt eine Frau. Es ist die Hagere. Die Hagere aus dem Einkaufszentrum. Ich glaub es nicht. Sie hat drei Plastiktüten dabei und mustert Jesus mit ihrem stolzen Blick.

„Ich will den Himmel auf der Erde. Damit wir drin wohnen können."

„Wie sieht er denn aus, dieser Himmel?", frage ich ihn.

„Da werden die Wölfe bei den Lämmern wohnen. Alex, es geht um Um-Ordnung. Gott will, dass wir frei werden. Dass wir uns mit den Augen der anderen sehen. Weniger haben, mehr heilen. Weniger Sicherheit, mehr Frieden. Ich helfe Gott dabei."

Die Frau vom Bauwagenplatz trinkt ihr Glas aus, sie schlürft.

„Ich bin dabei."

„Ich habe dich bei deinem Namen gerufen", sagt Jesus. Er scheint erleichtert zu sein. „Du bist mein."

Schräg. Ich kenne den Spruch, Altes Testament vielleicht.

Plötzlich melden sich die meisten, ich auch, nur das ältere Paar nicht. Sophie auch nicht.

Die Frau steht auf, der Mann, etwas zögerlicher, auch.

„Wir wollen hierbleiben. Unsere Enkelkinder, Jesus. Aber wir sind hier für dich da, wenn du willst."

Jesus nimmt die Hände der beiden, sieht ihnen in die Augen.

„Es ist gut. Gott segnet euch!"

Später laufen wir durch die Straßen. Es ist halb zwei. Wir wollen den Nachtbus nehmen. Er wüsste ein Zelt im Tidecamp, hat Jesus beim Aufbruch gesagt. Ich wundere mich über mich. Was tue ich hier? Ich denke an Marion. Sie fehlt mir. Otto. Mir laufen Tränen übers Gesicht. Und dennoch, es fühlt sich nicht falsch an.

28. Juli: Sophie räumt auf

Es ist Nacht. Halb zwei. Vielleicht bin ich etwas betrunken. Ich bin nicht mitgegangen. Hier zu Hause ist es jetzt sehr still. Normalerweise macht mir Stille nichts aus. Aber diese redet. Schau dir alles genau an, flüstert sie. Ist es das, was du willst? Ist das dein Glück? Ich weiß nicht, was mein Glück ist. Ich weiß nur, dass ich seit 37 Jahren danach suche. Wenn man etwas 37 Jahre sucht, dann sollte man langsam Erfolg haben. Sonst ist die Methode falsch. Vielleicht suche ich in den falschen Ecken. So wie in dem alten Witz von dem Betrunkenen, der im Schein einer Straßenlaterne seinen Schlüssel sucht.

„Sind Sie ganz sicher, dass Sie ihn hier verloren haben?", fragt ein hilfsbereiter Passant. „Nee", nuschelt der Betrunkene, „weiter hinten. Aber da ist es zu dunkel zum Suchen."

Vorhin, ganz am Ende, hat Jesus gesagt: Ich bin dein Licht. Wenn du mit mir gehst, wirst du glücklich sein. Ich hatte gehofft, das sagt mal einer, der mich heiraten will. Hat aber keiner. Plötzlich denke ich: Das ist ja auch viel zu viel für eine Person. Das kann kein Einzelner leisten. Das Glück, das ich suche, ist so groß und so absolut, das bietet kein Mensch und kein Kind und kein Haus. Und es bietet nicht mein weißes Regal, an dem ich so hänge, und meine Katze nicht und auch nicht die Bilder an der Wand, nicht meine Bücher und auch nicht der lang ersparte Mini. Nichts davon kann diese Sehnsucht stillen, weil nichts davon alles ist. Mir fällt unsere erste Begegnung im Luna wieder ein. Als ich beim Mittag saß und Jesus sagte, er könne meinen Durst stillen. Und wenn es stimmt? Wenn er wirklich etwas ganz anderes zu bieten hat, etwas, das im Dunkel liegt, und ich muss mich bloß aus meiner Bequemlichkeit und meiner Sicherheit herauswagen? Was, wenn dort tatsächlich der Schlüssel läge?

Ich schaue mich um. Was, wenn ich all das erst loslassen muss, um überhaupt Platz zu haben für das, was ich suche? Nur mit leeren Händen kann man empfangen, hab ich mal gelesen. Mein helles Wohnzimmer mit der Schubladenkommode. Das Cello, das ich nie wirklich spielen konnte, aber so schön finde. Das breite Bett, auf dem ich jetzt schon seit siebeneinhalb Wochen allein liege. Ein kleiner Fernseher, etwas verschämt, dafür beste Qualität. Das Teeservice aus New York und eine Poul-Henningsen-Leuchte aus einem Trödelladen in Kopenhagen mit einem Verkäufer, der so lustiges Englisch sprach, als habe er ein Marshmallow im Mund.

Ich sitze da wie ein Fremdkörper in meinem eigenen Leben. Was wäre ich ohne diese Dinge? Und plötzlich kommt mir ein absurder, ein völlig abwegiger Gedanke. Ich gebe das weg. Ich gebe einfach alles weg und schaue, wer ich bin ohne diese Sachen.

30. Juli: Großfamilie

Ich rieche. Wie naiv war ich eigentlich, nur zwei Hemden einzupacken? Natürlich könnte ich einfach nach Hause fahren, aber was soll ich dann sagen? Dass ich einfach ein wenig Urlaub an der Elbe mache? Dass ich *undercover* auf Recherche bin? Oder soll ich abwarten, dass die Wohnung leer ist, und dann wie ein Dieb ins eigene Heim hineinschleichen? Kommt nicht in Frage. Ich gehe zum Waschhaus, barfuß, der Sand brennt an den Sohlen. Vielleicht treibe ich ja irgendwo Seife auf.

Jesus hat, natürlich, Seife. Er steht mit gekrümmtem Rücken über einem Becken und wäscht seine Hose. Sieht ein wenig ungewohnt aus, Jesus mit nackten Beinen, aber es ist wie meistens: Das was er tut, tut er mit Haltung. Und immer konzentriert. Ich habe nie gesehen, dass er, egal was er sagte oder tat, den inneren Faden verloren hätte. Der Mann scheint in sich zu ruhen – oder worin auch immer.

„Alex!", sagt Jesus und reicht mir die Tube mit der Seife. „Waschtag, was? Der meiste Dreck geht ganz einfach raus. Man muss es nur wollen. Und Geduld haben." „Mit dem Dreck am Stiefel ist das anders", antworte ich. Und denke an die Dinge, die ich verbockt habe. Sicher verzeihbar, aber andererseits auch unumkehrbar. Jesus bürstet seine Hose. „Wer um Verzeihung bittet, dem kann verziehen werden. Glaubst du, Gott ist Steuerbeamter? Manche Spuren, Alex, die bleiben. Die braucht es aber auch. Es geht im Leben doch nicht ums Richtigmachen." „Worum dann?", frage ich. Aber Jesus hat sich zur anderen Seite gedreht. Linde, die Bommelmützenfrau braucht auch Seife, Jesus gibt sie ihr. Dann ruft jemand: „Essen!"

Ich habe Zeit. Ich frage mich immer wieder: Was mache ich hier? Was wird das? Ist das eine andere Art von Wellness oder wirklich ein Weckruf? Es fühlt sich wie Letzteres an, trotzdem wirkt alles auch ziemlich normal. Oder banal? Ich habe ein paarmal mit Jesus gesprochen. Immer hat er Erstaunliches gesagt. *Gott* – er sagt das immer so lapidar dahin. Gott scheint ihm wirklich an den Fersen zu haften. Oder besser in den Gliedern zu stecken. Ein wenig erinnert mich das an die Sommerunis früher. *Lectures* in angenehmer

Atmosphäre, gutes Essen, immer irgendwie verliebt Hals über Kopf, die Linguistin aus Bozen, die Dänin mit den roten Haaren.

Mittlerweile sind fast jeden Tag ein paar Neugierige zu Gast. Die kommen mit der S-Bahn oder mit dem Fahrrad, manchmal haben sie was zu essen dabei, meistens aber nur großen Hunger. Sie drücken sich um Jesus herum, fragen uns, die wir ja schon so etwas wie die Stammcrew sind, ob wir eine Art Community sind und ob man diesem Jesus glauben kann. Die wenigsten wollen bleiben, es scheint ihnen zu reichen, hier den freien Nachmittag bei Jesus zu verbringen und die Seele durchzupusten. Ich finde, das nervt. Immer sind andere Leute da, die nehmen mir die Sicht. Andererseits, ich bin genauso, nur dass ich eben übergangsweise hierhergezogen bin. Auch heute sitzen bestimmt 50 Leute um Jesus herum, die wenigsten kenne ich. Jesus schnippelt an einem Kohlkopf rum, schneidet ihn in dünne Scheiben und lässt sie in einen großen Aluminiumtopf fallen.

Aus einem Mann platzt es heraus: „Man sagt, du hast übernatürliche Kräfte? Und dass du zaubern kannst." Jesus lacht, ohne aufzuschauen, er nimmt einen Kohlschnipsel, zielt auf den Topf – und wirft vorbei.

„Übernatürliche Kräfte? Das sagt man also. Ich sage dir: Blödsinn." Eine Frau wendet ein: „Aber du bist doch besonders, du bist anders, du redest von Gott und machst hier auf Hippiekommune!"

Jesus lächelt, schon wieder. „Auf Hippiekommune macht ihr hier, ich sage nur, was ich sehe und höre. Besonders bin ich nicht, ich habe nur gute Ohren und wache Augen, obwohl die kurzsichtig sind. Gott ist jedem von euch genauso nah wie mir. Ihr seid meine Schwestern und Brüder. Kann jemand ein paar Zwiebeln auftreiben?"

Plötzlich steht Jesus' Mutter da. Hier habe ich sie noch nie gesehen. Neben ihr zwei junge Männer. Sie wollen was von Jesus. Als er sie sieht, seufzt er. „Mutter... jetzt nicht!" Er sagt das ziemlich bissig. „Jesus", beharrt die Frau, „deine Brüder sind extra..." – „Meine Brüder und Schwestern sind schon hier. Das hier ist meine Familie. Gibt's jetzt Zwiebeln oder nicht?" Jesus schaut uns an, da kommt eine große Gemüsezwiebel angeflogen. Linde hat sie geworfen. Dankbares Gelächter.

1. August: Sophie lernt Rechnen

Es ist alles so unwirklich. Ich stehe am Wasser. Hinter mir steht ein geliehenes Zelt. In dem Zelt mein Rucksack. Darin ist mein Leben. Ich denke, ich müsste jede Minute voller Panik erwachen und mich fragen: Was habe ich getan?

Was ich getan habe, ist dies: Mittwochmorgen eine Anzeige ins Internet gesetzt, einen Zettel an die Hauswand geklebt, ein paar Freunden Bescheid gesagt. Wohnungsauflösung, nimm, was du willst. Fast alles ging weg. Es fühlte sich an, als würde mein Leben zerrissen wie ein Blatt Papier. Wie ein Entwurf, der nicht gut war. Weg damit. Ich dachte, ich sterbe, kein Scherz. Aber dann, als alles raus war, als ich die wenigen Sachen, die keiner wollte, in den Umsonstladen gebracht und meiner Schwester den Schlüssel für den Mini in den Briefkasten gesteckt hatte – da war es vorbei. Der Schmerz hörte auf. Ich war frei.

Ich wollte kein Geld, aber die Leute wollten was geben, also habe ich ein Einmachglas auf die Fensterbank in der Küche gestellt. Das ist jetzt voll. Es steht in der leeren Wohnung, die ich nicht abgeben konnte, weil der Mietvertrag noch drei Monate läuft. Insofern habe ich noch eine Hintertür. Eine leere Wohnung und ein volles Einmachglas.

Das Wasser schwappt über meine Zehen. Jesus hat sich in ein Boot gesetzt, es ist ein altes Kanu, und ich erwarte jeden Moment, dass es umkippt. Aber das Boot liegt erstaunlich ruhig. Im Sand sitzen eine Menge Leute. Mehr als letzte Woche im Luna, definitiv. Ein paar erkenne ich wieder, vom Bauwagenplatz. Seit gestern Abend bin ich hier. Ich wusste ja über Facebook, was hier los ist. Ich konnte es nicht abwarten herzukommen. Dabei zu sein.

Ich hänge an seinen Lippen. Also, metaphorisch betrachtet. Er wirkt wild, warm und entschieden.

„Ihr wisst doch, wie Werbung funktioniert: Man stellt eine Menge Zeug an, schaltet Anzeigen, kümmert sich um

Netzwerke, vielleicht schafft man es, ein paar redaktionelle Sachen zu platzieren. Und dann natürlich Mund-zu-Mund-Propaganda. Du erzählst von dem, was dir gefällt. Wovon du überzeugt bist. Du musst erzählen, du kannst gar nicht anders. Ein Viertel deiner ganzen Mühen wird gar nicht bemerkt. Das läuft einfach ins Leere, egal, wie sehr du dich anstrengst. Das zweite Viertel, das kommt an. Ein paar Leute sind begeistert, sie fangen Feuer und du denkst: Du hast sie. Aber dann lesen sie weiter und sind von einer anderen Sache genauso gefangen. Es bleibt nichts hängen. Dann gibt es ein drittes Viertel, bei dem hast du überhaupt keine Chance, weil sie null aufnahmebereit sind. Sie haben andere Sachen im Kopf, ihren Job, ob sie die Wohnung kriegen, vielleicht eine Krebsdiagnose. Sie machen sich Sorgen und sehen das Heute nicht.

Na ja, und dann gibt es das letzte Viertel. Und dieses letzte Viertel, das triffst du. Da sind Ohren, die hören wollen. Die offen sind.

Du kannst jetzt sagen: Mann, die ganze Arbeit und nur so wenig Erfolg. Das ist doch nicht effektiv. Aber darum geht es nicht. Wenn du von etwas überzeugt bist, wenn du ein Liebhaber bist, dann fragst du nicht, was es bringt. Deshalb sage ich: Genau wegen dieses einen Viertels lohnt es sich. Es würde sich immer noch lohnen, selbst wenn es nur ein Achtel wäre. Weil du begeistert bist. Weil du glaubst, dass das, was du zu geben hast, gut ist. Deshalb machst du weiter. Versteht ihr?"

Ich sehe viele nicken, aber auch ratlose Gesichter. Und wenn ich ehrlich bin, verstehe ich auch nicht, warum er das erzählt. Es klingt so kapitalistisch. „Und was soll das jetzt?", ruft einer. „Ich denke, du erzählst was von Gott, und jetzt redest du von Werbefritzen. Was willst du uns verkaufen?" Ein paar lachen.

„Was das soll? Ich sage dir, was das soll: Gott ist in dieser Welt. Nicht in einer schöneren, besseren, erträumten Welt. Er steht nicht außerhalb. Man kann sich nicht von der Welt abwenden, wenn man sich Gott zuwenden will. Du musst mitten rein, weil Gott auch mittendrin ist."

Ich bin verblüfft. Ich denke noch über die Viertel nach. Ein einziges reicht? Mir kommt ein verwegener Gedanke: Heißt das auch, es ist gar nicht schlimm, wenn ich nicht alles erreiche und nicht alles geben kann? Wenn nur ein Viertel von mir ergriffen und überzeugt ist? Ich denke an das Einmachglas auf der Küchenfensterbank und bin erleichtert, irgendwie.

3. August: Hand gegen Koje

Wir, die Stammcrew. Nach ein paar Tagen fühlt es sich wirklich so an. Mittlerweile kenne ich auch alle Namen. Linde, die Bommelmützenfrau. Sie ist 76, die Mutter von Anika, bei der Hochzeit habe ich sie zum ersten Mal gesehen. Sie heißt

Gerlinde, aber wir sagen Linde zu ihr. Sie lebt gerade ihren dritten Frühling, es ist rührend, wie sich ihre klaren Momente gegen ihre Biestigkeit durchsetzen. Phänomenal, wirklich, wie gut ihr das Leben hier an der Elbe tut. Sie ist unsere Alterspräsidentin.

Rahel, die Hagere aus dem Einkaufszentrum, hat deutlich einen an der Klatsche. Keiner weiß genau, was sie in Rumänien erlebt oder durchgemacht hat. Sie rennt den ganzen Tag mit ihren Tüten rum. Ihr Deutsch ist ulkig, sie kann hervorragend Eintopf kochen – und keift sich manchmal mit Linde an.

Julia und Marie sind toll, sie haben diese wunderbare Allesist-möglich-Attitüde, ihr FSJ in einer Pinneberger Kita haben sie hingeschmissen. Sie sind 19 und ich krieg manchmal den Blues, wenn ich sie beobachte, denn mit 19 lebt man von Luft und Liebe und alles ist auf Frühling programmiert. Na ja, ich bin 39.

Max, der alte Pastor, ist der stillste von allen. Er schläft immer unter freiem Himmel, er hat so einen altmodischen Steppdeckenschlafsack mit Blümchenmuster, damit war er schon in der Hohen Tatra in den 60er Jahren. Er redet oft mit Jesus unter vier Augen. Er ist altmodisch, aber total angenehm, spricht oft über Ökologie und göttliche Nachhaltigkeit. Aber ein Klugscheißer ist er nicht. Seine Frau ist dement, er besucht sie alle zwei Tage in einem Heim in den Elbvororten. Das zehrt an ihm. Aber dann packt ihn wieder eine Wahnsinnsenergie, von einer Sekunde auf die andere. Gestern habe ich mit ihm Tischtennis gespielt, ich habe keinen Stich gesehen.

Rafael studiert Soziale Arbeit und schreibt eigentlich gerade seine Abschlussarbeit. Schreiben tut er hier aber nicht, er kümmert sich ums Geld. Auch wenn es sparsam zugeht, auch wenn wir vieles aus den Containern ziehen, es kostet ja doch. Rafael hat im Netz ein *Crowdfunding* gestartet, da kommt tatsächlich ein wenig Geld rein, das Projekt nennt er *Big Spender*, es gibt ein paar Amerikaner, die regelmäßig was überweisen. Und auch Linde spendet immer wieder Geld, sie hat was gespart, aber Sophie und mich einmal streng angeschaut und gezischt: „Nichts Anika und Jakob sagen. Ich warne euch!" Sophie musste laut lachen. Sie ist überhaupt ziemlich rätselhaft und ziemlich entschlossen. Hat ihren ganzen Kram weggegeben und einen echten Neustart hingelegt.

Christina ist erst seit ein paar Tagen dabei. Sie kommt aus Spanien, ist Anfang vierzig, hat jahrelang ein Bistro betrieben und ist ein echter Sonnenschein. Auch im Containern ist sie phänomenal, sie kennt sich mit Haltbarkeitsdauer und Verfallsdatum und solchen Sachen aus.

Edith heftet sich ihr besonders oft an die Fersen. Sie ist Jesus auf dem Bauwagenplatz begegnet. Eigentlich ist sie Schäferin, aber eine Herde hat sie im Moment nicht. Sehr sympathische Frau, ihre Stimme hat so etwas Beruhigendes.

Schließlich haben sich Jan und Richard vorgestern bei uns einquartiert – sie haben bei Facebook von Jesus gelesen und uns über Rafaels *Crowdfunding* aufgespürt.

Die Uhr tickt hier völlig anders als in meinem normalen Leben. Sonst habe ich immer so lange an einer Sache recherchiert und geschrieben, bis sie fertig war. Das konnte drei Wochen dauern und in dieser Zeit hat mich alles andere gestört. Otto in die Kita zu bringen, immer abends um sechs zu essen, die Wohnung am Samstag zu putzen. Ich habe die Dinge nicht zusammenbekommen.

Hier ist der Takt klar. Wir beginnen den Tag am Wasser. Manchmal spricht Jesus mit Gott, manchmal auch nicht. Aber es fühlt sich immer so an als ob. Als ob alles auf einem guten Weg wäre, als ob mir Gott auf die Schultern klopft. Klingt komisch, ist aber so. Wir sind absolut unterschiedlich und trotzdem fühlt es sich nach Zuhause an. Vormittags arbeiten wir, helfen im Tidecamp, mal putzen wir die Klos, mal reparieren wir ein Kanu, gestern haben wir einen Steinofen gebaut, Hand gegen Koje sozusagen. Dann essen wir irgendwann, arbeiten noch zwei Stunden, danach große Siesta. Am Abend klappern wir die Supermärkte ab, später sitzen wir zusammen. Wie gut das tut. Jeder Tag ein neuer Tag. Und in jedem Tag ist so viel drin.

4. August: Alle in einem Boot

Ich bin beseelt. Was für ein Wort. Erstens, dass ich es überhaupt in den Mund nehme. Und zweitens klingt es so, als hätte ich vorher keine Seele gehabt. Hatte ich aber, das weiß ich. Nur hatte sie vorher ein anderes Kleid an. Ich werde kitschig. Das ist mir peinlich. Aber Tatsache ist, dass ich mich hier geborgen fühle. Und das, wo ich selten an einem weniger bergenden Ort schlief; nur eine dünne Zelthaut zwischen mir und dem Hamburger Himmel, der unberechenbar ist und jeden Moment ein paar Kübel Regen auskippen könnte.

Wir feiern uns. Die meisten Leute sind schon weg. Zur nächsten S-Bahn ist es ein ganzes Stück. Der Rest sitzt im Sand, trinkt Weißwein aus Plastikbechern und guckt in die Sonne, die in die Elbe sinkt. Jemand hat eine Gitarre dabei. Wir erfüllen alle Klischees und es ist trotzdem schön.

„Das ist der Anfang von etwas ganz anderem", wiederholt Alex jetzt zum dritten Mal. Seine Augen haben was Ekstatisches. Vielleicht ist es der Wein. Der sachliche Journalist, ich muss lächeln. Ob ich auch so aussehe? „Wir können das jeden Abend machen. Wir vergrößern das hier. Alle sollen kommen!" Die anderen lassen sich mitreißen, sie reden, als sei dies Utopia. Nur Jesus ist still. Ich beobachte ihn aus den Augenwinkeln. Er schüttelt den Kopf, als ihm jemand einen Becher Wein gibt. Plötzlich steht er auf, geht zu Linde, flüstert ihr was ins Ohr, dann geht er zu Richard. „Los", sagt er, als er bei mir angekommen ist. „Los?" Ich könnte entgeisterter nicht sein. „Wieso jetzt?", zische ich, „wohin denn?" „Wir fahren rüber", sagt er und nickt mit dem Kinn zu der kleinen Insel. Sie liegt genau dort, wo die Elbe wieder breiter wird. Viel Sand und Wald. Soweit ich weiß, gibt es kein Haus, ich glaube, man darf die Insel nicht mal betreten. „Was sollen wir da?"

„Wir brauchen Ruhe."

Warum Ruhe, denke ich, ich brauche keine Ruhe. Das klingt so vereinnahmend, dass es mich ärgert. Nur weil du keinen Spaß hast, will ich sagen und verkneife es mir im letzten Moment. Aber Jesus ist ohnehin schon zum Boot gegangen, das unter einer Weide im Sand liegt. Er muss verrückt sein, wenn er denkt, dass wir uns in das Ding setzen. Der Kahn ist doch total morsch! Auch die anderen wirken nicht begeistert. Aber keiner sagt was. Dass das doch jetzt Quatsch ist. Dass wir Gäste haben. Dass alle gerade total entspannt sind.

Wir quetschen uns in das Boot, das tief liegt, aber offenbar dicht ist. Jesus rollt sich unter der hinteren Bank zusammen und schläft sofort ein. Na toll. Wir streiten ein bisschen um die Paddel, denn natürlich können nicht zwölf Leute gleichzeitig paddeln, und wie immer gibt es auch ein paar, die sich drücken. Ich fasse es nicht. Doch nicht hier, doch nicht bei uns! Die ersten hundert Meter geht es gut voran. Bis wir das Containerschiff sehen. Wir kämen locker dran vorbei, da bin ich sicher. Aber Jan kriegt sofort Panik und lässt den Kapitän

raushängen. Er schreit absurde Anweisungen, und ich versuche ihn zu ignorieren, weil er mir mit seiner Fischermütze sowieso auf die Nerven geht. Aber weil er die anderen so mit seinem Geschrei ansteckt, sage ich dann doch, wir sollten uns besser einfach treiben lassen. Bäng – der Sturm bricht los.
„Also das, was du ohnehin die ganze Zeit tust", ätzt jemand hinter mir. Ich drehe mich überrascht zu Julia um, aber sie macht schon weiter: „Für uns ist das nämlich was Existenzielles hier, nicht so wie für dich mit deinem fetten Konto in der Hinterhand. Für dich ist das alles doch bloß ein cooles Spiel!" Ich bin sprachlos.

„Schluss jetzt", ruft Alex, aber das macht es nur noch schlimmer. „Willst du dich hier als Chef aufspielen?", faucht Julia und irgendwer ruft über die Köpfe der anderen: „Kümmer dich erst mal um deine Familie, da hast du genug zu tun!" Das Boot schlingert bedrohlich. Die Wellen schlagen hoch. Keiner weiß, was er tun soll. Wir müssten uns alle beruhigen, damit wir wieder still im Wasser liegen, aber wie, wenn keiner auf den anderen hört?

Wir wecken Jesus. Wie Kinder, die zu Mama laufen. „Ist es dir egal, was hier passiert?", schreit Christina. „Wie kannst du so ruhig daliegen?" Sie spricht nicht aus, was alle denken: Dass es seine Idee war. Er wollte zu der beknackten Insel. Jetzt soll er es auch ausbaden. Einen nach dem anderen guckt er an. Bis alle still sind. Und dann fragt er: „Wovor habt ihr Angst?"

4. August: Gegen den Strom

Das letzte Mal bin ich vor zehn Jahren gepaddelt. Drei Wochen lang quer durch Mecklenburg. Die Elbe ist ein anderes Kaliber. Wir haben zu tun, in geordneter Bahn voranzukommen. Die meisten hatten so ein Paddel noch nie in der Hand. Und das Kanu, ein riesiger Mannschaftskanadier, ist hornalt und definitiv überladen. Aber es schwimmt. Wir müssen ein furchterregendes Bild abgeben. Linde mit ihrer Bommelmütze ganz vorne, sie hat Schiss, fuchtelt wild mit einem abgebrochenen Paddel in der Luft herum. Wie eine Vogelscheuche. Rafael und Richard lachen sich kaputt, weil die Paddel immer wieder aneinanderstoßen und einfach keinen Rhythmus finden wollen. Jesus, der unbedingt übersetzen wollte, schläft. Christina hat ihr sonniges Gemüt an Land gelassen, sie ruft, sie könne nicht schwimmen, und Sophie steht Panik in den Augen, ich sehe es genau, ich habe mich schon viermal nach ihr umgedreht. Ich alleine hätte mich niemals mit so einem Boot auf die Elbe getraut. Aber auf diese Elbinsel will ich schon seit Jahren. Seltsam, dass mich ausgerechnet so eine Aktion zu ihr bringen soll. Die Strömung ist nicht brutal, aber ordentlich, da muss man erstmal gegen ankommen.

Wir kommen nur sehr langsam vorwärts. Jan ruft: „Containerschiff backbord!", die meisten drehen sich nach rechts um, schreckhaft, obwohl backbord links meint. Jan spielt Kapitän und klärt uns darüber auf, dass dieser Riese kaum eine halbe Seemeile von uns entfernt ist und dass wir jetzt mal Tempo machen sollen. „Und eins, und zwei, und eins, und zwei", ruft er in den Wind. „Mehr nach backbord, backbord! Nicht steuerbord." Wir strengen uns an und fahren halbwegs in die richtige Richtung. Aber die Strömung treibt uns schneller auf das Containerschiff zu, als dass wir dem anderen Ufer merklich näher kommen. Auf einmal große Aufregung: „Das schaffen wir nie!", „Halt den Mund!" Alle rufen durcheinander, Jan ist rot im Gesicht, er versucht uns zu dirigieren, aber es ist zu spät. „Ich kann nicht schwimmen", schreit Christina, ich schließe die Augen, um dem Chaos für ein paar Augenblicke zu entkommen. Mein Paddel fällt ins Wasser, ich Idiot! Ich bin unsicher, ob Wind und Welle zugenommen haben oder ob wir es sind, die so viel Wind machen. Linde ruft „Jesus! Jesus!!", aber Jesus scheint das alles weder zu hören noch zu stören. Plötzlich ein markerschauerndes Schiffshupen. Der Containerriese kündigt sein Kommen an, nicht wirklich nötig, finde ich, maximal hundert Meter liegen zwischen uns.

„Jesus, aufwachen!", rufen Christina und Sophie. Jesus steht endlich auf, balanciert zwischen uns von einer Bank auf die nächste. Da schwappt eine Welle ins Boot und für einen Moment sieht es aus, als ob Jesus übers Wasser geht. Dann ist er bei Linde. Er setzt sich neben sie. „Wovor habt ihr Angst?", sagt er in einer Herrgottsruhe, die fast beleidigend ist. Der Riesendampfer fährt vor uns vorbei, ich habe Angst vor der

Heckwelle, die irgendwann kommen muss. Jesus beruhigt uns, indem er gar nichts sagt und sich ein Paddel nimmt. Jan sagt auch nichts mehr, wir passen unsere Paddelschläge denen von Jesus an, nach einer halben Stunde sind wir auf der Insel.

Wir liegen unter Birken im Sand, erlöstes Schweigen. Ich schlafe ein. Am Morgen kehren wir zurück, es ist noch früh, im friedlichen Niedrigwasser überqueren wir in zwanzig Minuten den Strom. Es gibt Brotreste, frischen Kaffee und versöhnliche Blicke.

5. August: Alleinsein ist scheiße

Ich habe vor einer Menge Angst. Dass ich enttäuscht werde, dass eine Spinne an meinem Bein hochkrabbelt, dass ich sterbe, bevor ich glücklich war, dass ich Krebs bekomme und ganz fürchterlich leide, ohne im Geringsten eine Heldin zu sein. Ich habe Angst davor, rot zu werden (denn das werde ich ständig ohne ersichtlichen Grund. Manchmal reicht es schon, dass ich in meinem Portemonnaie krame und das Zwei-Cent-Stück nicht sofort finde, mit dem ich es der Kassiererin leichter machen will). Ich habe Angst davor, allein zu bleiben, weil Alleinsein scheiße ist. Das kann man noch so schönreden, von wegen aufgeräumter Wohnung und alle Tage die obere

Brötchenhälfte, aber was nützt es, wenn es aufgeräumt ist und keiner es sieht? Ich habe Angst, ich könnte mich eines Tages vor einen Zug werfen oder von einer Brücke springen, nicht weil ich es will, sondern aus Versehen. Ich habe nämlich mal gelesen, dass Höhenangst nicht die Angst vorm Fallen sei, sondern die Angst zu springen. Also die Angst vor der eigenen Unberechenbarkeit, vor jenem Winkel im Inneren, der sich unserer Kontrolle entzieht. Vielleicht ist das Quatsch. Aber immerhin habe ich es mir gemerkt. Über solche Dinge denke ich nach.

Am meisten habe ich Angst, dass das hier alles misslingt. Dass ich einer verfrühten Midlifecrisis zum Opfer gefallen bin, die meine Urteilskraft außer Betrieb gesetzt hat. Der Streit gestern hat mich ernüchtert. Eigentlich finde ich, wir müssten darüber reden. Wer weiß, was da noch so brodelt. Aber Jesus macht einfach weiter, als sei nichts gewesen. Ich dagegen möchte ständig Jans Blick ausweichen und auch Julia begegne ich einstweilen kühl. Es ist mir peinlich, dass sie anders sind, als mein Bild von ihnen war. Als hätte ich in Abgründe geschaut, die es hier nicht geben soll, weil wir doch alle gut sein wollen. „Warum macht dir das nichts aus?", frage ich Jesus. „Es macht mir etwas aus", sagt er. „Aber dass es mir etwas ausmacht, macht mir nichts aus."

später

Wir waren bei Jakob und Anika. Anika ist endlich schwanger. Deshalb haben sie uns zum Essen eingeladen. Es gab Raclette und Sekt und für Anika Sprudel mit Fliederbeersirup. Alex war dabei (er mag Anika nicht, zu viel heile Welt), Linde natürlich, Edith, Jesus und Rafael.

Es ist spät. Halb zwei bestimmt. Wir albern ein bisschen herum, vor den Bars stehen vereinzelte Grüppchen, man kann immer noch im T-Shirt draußen sein. Das hier ist ein Dorf, und ich fühle mich sicher und geborgen, mitten in der Großstadt. Das Leben ist gerade schön.

Wir kommen am Penny-Markt vorbei und mein Blick bleibt an einem Mann hängen. Er trägt einen Anzug, der in sonderbarem Gegensatz zu der billigen Reklame und den Flaschen am Boden steht. Er war sicher teuer, aber jetzt sieht er derangiert aus und das ist noch freundlich gesagt. Das Hemd hängt halb aus der Hose. Irgendwann im Lauf des Abends muss er seine Krawatte gelockert haben, jedenfalls baumelt der Knoten auf Brusthöhe. Sein Haar ist zerzaust, sein Blick abwesend. Wie weggetreten. Er flucht vor sich hin, seine Stimme ist schrill, dann wieder gepresst, als spräche ein Dämon aus ihm, wie Gollum aus *Herr der Ringe*. Ich gehe näher zur Straße. Am liebsten würde ich die Seite wechseln. „Verfickt", schreit er, „verfi-i-i-ickt." Es steigert sich zu einem merkwürdigen Singsang. Ich stelle mir vor, wie er tagsüber in einer Bank steht und Aktien verkauft, dynamisch oder gedämpft, aber nicht irr. „Heute back ich, morgen brau ich, übermorgen verkauf ich dem König sein Haus!" Seine Stimme ist ins Falsett gefallen, mit der Faust schlägt er gegen die Mauer. Ich zucke zusammen, Blut tropft auf die Steine. Plötzlich lässt er sich fallen, wirft sich Jesus vor die Füße und macht eine alberne Geste, eine Art Verbeugung, und wimmert: „Quäle mich nicht, quäle mich doch nicht!"

Ich will weitergehen, er macht mir Angst. Aber Jesus fragt so gelassen, als befänden wir uns auf einer Stehparty: „Wie heißt du?" „Du kannst mich Superman nennen", säuselt er und springt auf. „Oder Mister Überflieger, so nennen mich die anderen. Oder Ri-si-ko-con-trol-ler." Er betont jede Silbe. „Ha, ich kontrolliere das Risiko, ich bin allmächtig! Oder sag doch einfach Mister Jetski oder Ich-vögel-sie-alle, denn das tue ich, such dir was aus!" Er spuckt die Worte aus. Der ist besessen, denke ich, völlig besessen. „Und weißt du was?" Er neigt sich zu uns, als wolle er uns ein Geheimnis verraten. „Ich kann sie nicht leiden, ich kann sie allesamt nicht leiden, sie sollen sich zum Teufel scheren! Abhauen sollen sie, aber sie kleben an mir, denn was wäre ich noch, ohne sie?" Die Worte prallen von den Hauswänden ab und hallen durch die Nacht.

„Siehst du die Ratte da?" Jesus zeigt auf die Müllsäcke. Sie versucht ein Hühnerbein herauszuzerren. Der Mann guckt verwirrt. „Und?"

„All diese unangenehmen Typen schickst du jetzt in diese Ratte. Weil sie selbst Ratten sind." Jesus spricht ganz ruhig und sachlich, als wäre so eine Unterhaltung das Normalste von der Welt. „Sie nimmt sie mit in die Versenkung. Und dann bleibst nur du selbst zurück." Der Mann wiegt unschlüssig den Kopf, als würde er über den Vorschlag nachdenken. Dann schreit er auf. Einen solchen Schrei habe ich nie zuvor gehört. Man könnte meinen, etwas zerreiße ihn. Die Ratte hebt erschrocken den Kopf, hält einen Moment inne und huscht in einen Gully.

Dann ist es still. Nur meinen Atem höre ich noch. Ich schaue zu dem Mann und zu meiner Überraschung wirkt er auf einmal aufgeräumt. Er könnte ein völlig anderer Mensch sein, wenn nicht der Anzug beweisen würde, dass er es nicht ist. „Ich glaube, ich sollte jetzt schlafen gehen", sagt er und lächelt. „Schön, euch kennengelernt zu haben. Man sieht sich." Dann geht er davon. Nach ein paar Schritten dreht er sich nochmal um. „Übrigens, ich heiße Hindrik."

6. August: Herzflimmern

Es ist wunderschönster Sommer, das Camp ist voll, wir baden täglich in der Elbe. Gut, dass wir unsere abgelegene Ecke hier haben, sonst wäre der Trubel noch größer. Ich bin angespannt, seit Tagen schon. Ich weiß, wie Gruppenprozesse laufen, ich kenne die Dynamikkurven und den ganzen Kram, ich kenne auch mich und meine Macken; das hier ist aber was anderes. Ich glaube, es geht etwas los. Ein Sturm, vielleicht auch eine Tragödie. Es ist so wie in alten Filmen, in denen das Bild stehen bleibt, die Sonne einen Tick zu lang flimmert, die Musik ganz ruhig wird, leise – und dann knallt es. Ich bin mitten in dieser Flimmerphase.

Gestern waren wir bei Anika, ich hatte vorher eine SMS geschickt, ob Marion kommen würde. Entwarnung, also bin ich mit. Anika hat mich die ganze Zeit vorwurfsvoll angeschaut. Ich mag sie wirklich nicht, aber in dieser Sache hat sie Recht. Ich habe ein schlechtes Gewissen. Der Abend war lang, irgendwann auch heiter, aber auf dem Rückweg war die Sache mit dem Spinner und der Ratte. Ich weiß nicht, was da passiert ist, wie Jesus das gemacht hat, irgendeine Suggestivtechnik oder Hypnose vielleicht, aber eigentlich auch egal. Dem Mann ging es gut, er schien heil zu sein danach. Seitdem habe ich noch mehr das Gefühl, dass Jesus ein Heiligenschein wächst. Seitdem sind alle nach außen hin ruhig, innerlich aber in Hochspannung. Das kann man sehen. Ich habe Angst, dass das alles entgleitet. Andererseits, ich war seit Jahren nicht mehr so gefesselt. Über Dinge zu schreiben, im Nachhinein, mit dieser wunderbaren Distanz, das ist das eine. Mit Kopf und Kragen in einer Geschichte drinzustecken, das ist eine andere Hausnummer. Mir ist flau. Ich versuche eine Mail zu schreiben, an

Marion, die Sache mit Anika gestern hat mir zugesetzt. Plötzlich ein Hilfeschrei. Ein Mann kommt angelaufen, er gestikuliert, er schreit, er zeigt zu seinem Zelt. Irgendwas mit seiner Tochter. Große Aufregung, halbnackte Menschen laufen in die Richtung, einige zeigen zu uns. „Jesus!", immer lauter rufen sie nach Jesus. Der schläft oder tut nur so, bei ihm weiß man ja nie. Aber jetzt steht er doch auf und läuft zu der Menge. Ich hinterher, auch Linde heftet sich ihm an die Fersen.

„Nein, ich bin kein Arzt", sagt er, „aber könnt ihr mich mal bitte durchlassen?" Er bückt sich und schlüpft ins Zelt, in dem man nicht aufrecht stehen kann. Der Mann, der um Hilfe gerufen hat, schreit mit hochrotem Kopf, seine Tochter atme nicht mehr. Nein, kein Badeunfall, nur ein wenig Wasser geschluckt heute Morgen, dann geschlafen, und wo denn nur der verdammte Krankenwagen bleibt. Er läuft in Richtung Rezeption, zu dieser alten Bretterbude, und ruft immer wieder „Meine Tochter! Hilfe! Gibt es hier denn keinen Arzt?"

Jesus kommt aus dem Zelt, ruhig, eine Frau, wahrscheinlich die Mutter, folgt ihm. „Sie atmet wieder", ruft sie ungläubig. „Ganz plötzlich, ein Wunder!" Steh auf, habe Jesus gesagt, und da habe sie die Augen aufgemacht. „Kein Wunder", sagt Jesus leise, „das Mädchen ist zwölf und gehört ins Leben." Aber das hören die wenigsten, zu groß ist die Freude, das Erstaunen, die Aufregung.

Jesus verschwindet. Ich trotte hinterher. Was war das?

10. August: Sophie sitzt im Zelt und hat keine Schokolade

Mittlerweile ziehen wir eine ganze Menge Aufmerksamkeit auf uns. Wir rangieren irgendwo zwischen Sekte und hipper Community. Je nachdem, wer uns betrachtet. Auch die Gerüchte sprechen sich rum. Dass Jesus heilen kann, zum Beispiel. Soweit ich es sehe, ist Jesus das eher unangenehm. Mir auch. Man kann die Erwartungen nur enttäuschen. Außerdem zieht das schräge Leute an. Sie wollen dazugehören. Drei Viertel von denen will ich nicht dabeihaben, weil ich selbst nicht mit ihnen in Verbindung gebracht werden will. Ich weiß, dass das nicht nett ist. Es sind verhuschte Typen. Sonderlinge. Leute, die dauernd aus dem Mainstream rausfliegen. Nicht dass ich stolz darauf wäre, zum Mainstream zu gehören. Aber eine gewisse Anpassungsfähigkeit gehört nun mal zu den sinnvollen sozialen Fähigkeiten. Ein bisschen Chamäleon sein können.

Sonntagmorgen waren wir auf dem Fischmarkt. Wenn man zum Schluss hingeht, kriegt man die tollsten Sachen nachgeworfen. Ananas, einen ganzen Lachs und erst recht Äpfel. Eine Kiste für einen Euro. Das hatte ich vorher auch nicht gewusst. Klar, dass sich dort nicht nur die Hautevolee von Hamburg tummelt. Da sind einfach alle. Leute, die sparen müssen oder wollen, Studi-WGs, Schnäppchenjäger und jene, die hoffen, dass irgendwas für sie abfällt. Ein paar von den Leuten kenne ich mittlerweile, eben auch diese Frau: Sie muss um die fünfzig sein, obwohl das schwer zu schätzen ist. Sonst sitzt sie vor dem Dönerladen und häkelt. Babyhosen, Pulswärmer, Broschen und so Zeug, das verkauft sie dann. Obwohl ich mir schwer vorstellen kann, dass sie viel loswird. Sie stinkt unfassbar. Dabei ist sie überhaupt nicht verwahrlost, ich glaube auch nicht, dass sie auf der Straße lebt, dafür wechselt ihre Kleidung zu oft. Aber sie stinkt nach Pisse. Entschuldigung, man kann es nicht anders sagen. Sie stinkt so sehr, dass es einem meterweit den Atem stockt. Das Dumme ist, dass ich ihr nicht ausweichen kann. Sie taucht immer wieder auf, scharwenzelt um uns herum und geht mir dermaßen auf den Geist, weil ich diesen Gestank widerlich finde. Christina meint, sie kann nichts dafür, sie ist bestimmt krank. Ich glaube das nicht. Gegen so etwas kann man doch was machen. Zum Urologen gehen oder zur Not eben Windeln tragen. Die gibt es doch auch für Erwachsene. Oder einfach zu Hause bleiben. „Und wenn sie längst beim Arzt war?", fragt Christina. „Niemals", erwidere ich entschieden. Wenn die normal wäre, dann würde ihr der Gestank selber auffallen. Dann wäre ihr das doch peinlich. Ich würde mich nicht unter Leute setzen, wenn ich wüsste, dass ich mir alle Nase lang in die Hose pinkle. Ich gehe ja schon nach Hause, wenn ich merke, dass ich ein bisschen nach Schweiß rieche. So will ich mich meiner Umwelt einfach nicht zumuten.

Auf dem Fischmarkt tauchte sie also wieder auf und ich dachte, na prima, kann nicht wenigstens der Sonntag ein Sonntag sein? Ihr Häkelzeug hatte sie nicht dabei und einkaufen war sie auch nicht, jedenfalls trug sie keinen Beutel. Ich sah genau, wie sie sich zu Jesus drängelte. Am liebsten hätte ich sie weggezogen, denn das hasse ich auch, wenn Leute drängeln. Ich finde das asozial. Da stellt man sich brav ans Ende einer Schlange, auch wenn man innerlich kocht und dann geht jemand zielstrebig an allen vorbei. Wie kommt man zu einem solchen Selbstbewusstsein? Nun stand vor Jesus zwar keine Schlange, aber ich fand, sie gehörte nicht dazu. Sie drängte sich in unsere Gruppe. Dann griff sie nach Jesus. Erst dachte ich, sie wolle ihn von hinten umarmen und mir stockte der Atem. Ich habe Jesus noch nie angefasst. Sie legte für einen winzigen Moment ihre Wange an seinen Rücken. Jesus drehte sich um. Wer ihn berührt habe, wollte er wissen, aber die anderen lachten. „In diesem Gedränge könnten das 2000 Leute gewesen sein!" Jesus blieb ernst. Nein, er habe genau gespürt, wie eine Kraft von ihm ausgegangen sei. Er guckte suchend in die Menge. Dann entdeckte er die Frau. Sie zitterte. „Er hat mich geheilt", flüsterte sie immer wieder und dann zu Jesus: „Du hast mich geheilt!" Jesus lächelte sie an. Er kann sehr warm lächeln. „Du hast dich selber geheilt. Dein Glaube hat dich geheilt." Für einen Moment war es um uns herum still. Die Worte fielen in die Menge.

Ich gehe nicht mal zum Arzt ohne Termin. Verkäufer würde ich fragen, ob ich kurz stören darf, bevor ich mich nach dem Preis für die eingelegten Gurken erkundige. Sie hat sich einfach genommen, was sie wollte. Ich bleibe den ganzen Sonntag verstimmt.

später

Scheiße, geht es mir schlecht. Ich hocke in meinem winzigen Zelt und will nach Hause. Ich will mein Leben zurück. Ich will heiß duschen, so lange ich will, und Schokolade aus der Kammer holen, die weiße mit Mandelsplittern. Ich will sechs Folgen *Big Bang Theory* nacheinander gucken, ich will mich unter einer Decke verkrümeln, den Anrufbeantworter sprechen lassen, es auf ein paar Likes bei Facebook anlegen, meine Nägel feilen, mich zum *Complete Bodyworkout* verabreden, Sommerurlaub planen und leicht sein. Stattdessen fühle ich mich unbedeutend, leer und ungeliebt. Vor allem ungeliebt. Deshalb die Facebooklikes. Die sind wie Selbstbefriedigung. Man kann sie provozieren. Ich weiß genau, was ich schreiben muss. Es hilft für eine kleine Weile. Mit etwas Glück schlafe ich dann ein und der Morgen sieht schon anders aus.

Ich rolle mich in meinem Schlafsack zusammen und versuche, mein Schluchzen zu unterdrücken, weil es hier keine zwei Meter Privatheit gibt. Eine Zeltwand ist eine fürchterliche Tratschtante. Ich versuche, eine Whatsapp-Nachricht zu schreiben, aber ich habe keine Verbindung. Genau so ist es.

am nächsten Morgen

Christina sieht natürlich, was mit mir los ist. Ich merke, wie sie mich beobachtet. Ich gebe mich betont unverbindlich, denn ich will ihr Mitleid nicht. Ich will keine Ratschläge, ich will keine verständnisvollen Blicke.

Trotzdem erwischt sie mich. Ich bin gerade dabei, Möhren zu waschen, und kann nicht einfach ohne Grund verschwinden. Sie fängt an, die Enden abzuschneiden und die Möhren zu schälen. Ich stehe am Becken wie auf Kohlen. Geh, denke ich, geh einfach weg und lass mich in Ruhe. Dabei versuche ich zu lächeln. Wir arbeiten eine Weile schweigend nebeneinander, bis Christina plötzlich sagt: „Gott liebt dich, Sophie. Vergiss das nicht." Sie trocknet sich sorgfältig die Hände ab, lächelt mich an und geht.

Was soll das heißen: Gott liebt dich? Es ist eine hohle Phrase, mit der ich nichts anfangen kann. Wie kann ein Gott wissen, was Liebe ist? Ich will nicht von einem geliebt werden, der auch die Frau in der vollgepissten Hose liebt. Das kann doch nicht wahr sein!

12. August: Drüben im Osten

Mail von Johannes. Er ist jetzt drüben im Osten, Mecklenburg oder Brandenburg, ich kann das nie unterscheiden. Unnachahmliche Johannes-Dramatik: „Hier ist Wüste. In den Köpfen, in den Herzen. Wir brauchen lebendiges Wasser. Kommt!"

Ich denke da pragmatisch: Wer nicht will, der hat schon. Es soll Leute geben, die mögen die Wüste. Das sage ich so über mein Müsli hinweg und Max fragt, ob ich schon mal dort gewesen sei. War ich, Pfingsten auf dem Darß. Er nickt. „Darß ist schön", sagt er. Und dass er siebzehn Jahre Pastor dort gewesen sei, nicht auf dem Darß, sondern in einem Dorf, fast eine Stadt, irgendwo mitten im Land. Da, wo der Tourismus nicht hinkommt. Ich hätte natürlich Recht, dass jeder so leben will, wie er möchte. Aber genau das sei ja der Punkt: „Das ist dort nur möglich, wenn du lebst wie alle. Du kannst nicht schwul, schwarz oder Öko sein."

„Ist das nicht ein ziemliches Klischee?"

Er wiegt den Kopf. „Weniger, als du denkst. In meinem Kirchenkreis regierte die NPD. Die sorgten für Spielplätze, Tombolas und Grillwürstchen. Es gab Erntefeste mit Lagerfeuern. Wenn es dann so richtig romantisch war, redeten die von Gemeinschaft und Zusammenhalt. Die haben genau unsere Themen. Nur ohne Gott. Damit brauchst du nicht zu kommen. Sie stehlen unsere Begriffe: Solidarität, Gemeinschaft, soziale Gesellschaft. Sie werben für Kinder. Gleichzeitig hetzen sie gegen die Ausländer, weil die so viele Kinder kriegen. Man müsse nur in den Westen schauen, da sind schon halbe Schulklassen türkisch. Hier sei es zum Glück noch nicht so weit und deshalb: Wehret den Anfängen und Ausländer raus!"

Max holt tief Luft.

„Und?", frage ich.

„Wir haben mit Teelöffeln Wasser in ihr Feuer gekippt."

Ich schüttele den Kopf. „Was bringt das?"

Max schaut konzentriert in seinen Kaffee. „Das ist nicht die richtige Frage."

Ich finde schon, dass das die richtige Frage ist: „Ihr hättet an anderen Orten mehr bewirken können. Mehr Leute erreichen können. Du weißt schon…"

„Martin Buber hat gesagt: Erfolg ist keiner der Namen Gottes."

Ich kenne Martin Buber nicht, aber da ist sie wieder, die Kirche, wie ich sie kenne: Drei verhuschte Gestalten im Bibelkreis, fünfundzwanzig im Sonntagsgottesdienst und es wird trotzdem weitergemacht. Das erinnert mich verdächtig an kleine Kinder, die beim Mensch-ärgere-dich-nicht hoffnungslos abgeschlagen sind und krakeelen: Ich will ja gar nicht gewinnen!

Max sagt: „Manchmal kommt es einfach drauf an, dass man das Richtige tut. Wahrheit kann nicht nach Erfolg bemessen werden."

„Und wir haben die Wahrheit?"

Max schüttelt den Kopf. „Aber wir sind das Licht, um sie anzustrahlen."

12. August: Alex schreibt eine Mail

Meine liebe Marion,
zwölf Tage bin ich schon weg. Ich kann dir nicht sagen, ob sich das lang oder kurz anfühlt. Wir lagern an der Elbe, eigentlich ja ums Eck. Vielleicht hast du was im Netz über uns gelesen? Rafael, einer von den neuen Freunden, twittert wie ein Besengter. @großefreiheit hat schon mehr als 400 Follower. Krass, nicht? Du hast ja gemerkt, dass mich diese Sache gepackt hat. Jesus ist ein Magnet. Er ist die Antwort auf viele meiner Fragen. Ja, so ist es. Er beantwortet nicht meine Fragen, oft kann ich die ja selber nicht mal auf den Punkt bringen, er ist die Antwort. Wenn ich ihn sehe, wenn er irgendwo in der Nähe ist, dann bin ich beruhigt. Also so richtig groß, total befriedet. Wie wenn Otto stundenlang rumzappelt und dann passiert irgendwas und peng: Er ruht in sich. Wenn ich Jesus schweigen sehe, seine Körperbewegungen, seine Worte höre, es sind nie viele, dann fühle ich mich mit mir im Reinen. Obwohl ich, was uns als Familie angeht, das überhaupt nicht bin. Ja im Nein, verstehst du? Marion, du fehlst mir. Ich musste

vorhin heulen, als ich an euch dachte. Aber ich weiß auch, dass mir zu Hause Jesus fehlen würde. Heftig. Entzugsmäßig. Das Ganze ist keine Guru-Nummer, für so was bin ich nicht anfällig. Ich weiß nur einfach noch nicht, wie diese zwei Leben in eins, in meins passen. In unseres. Ich kann euch doch nicht rausreißen aus allem. Ich kann mir das so auch nicht mehr lange leisten. Jesus sagt, dass Gottes Welt an den Rändern gebaut wird. Nicht in sanierten Dreizimmerwohnungen. Unterwegs, mit den Rumtreibern, ohne Sparbuch und Versicherung. Selig sind die Verlierer. Glücklich die Draußenschläfer. Erinnerst du dich – „Den Mutigen gehört das Himmelreich" –, hat Frau Krause immer gesagt. Sie hatte Recht. Ich glaube, ich bin mutig, Marion. Aber nicht heldenhaft mutig, sondern weil ich so viel verlieren kann. Euch. Gib mit Zeit. Mir ist das mit der Auszeit noch nie so klar gewesen. Aus und Zeit. Zeit und an. Ja, ich fühle mich: an. Trotz allem anderen.

Ich liebe dich, Marion, gib Otto einen dicken Kuss.
Halt mich aus,
dein Rumtreiber

PS: Ich melde mich, aber ich weiß noch nicht, wann. Wir brechen auf, Richtung Brandenburg.

14. August: Niemand wartet

Samstag, knackevolle Regionalbahn. Wir sitzen inmitten bierseliger Fußballfans. Sie sind in Schwerin eingestiegen und wollen nach Magdeburg. Anstoß am Nachmittag, viele sind hackedicht. Das mit den Fahrkarten wird schon klappen, hatte Jesus gesagt. „Für uns ist gesorgt." Und Recht behalten. Die Fußballmänner haben gelacht, ein älterer Typ sagte: „Hier fährt jeder mit jedem mit. Wochenendtickets, uns kontrolliert nie jemand. Die haben Schiss vor uns."

Der Sommer läuft auf Hochtouren, wir fahren an goldstrotzenden Feldern vorbei, riesige Flächen, früher verstaatlicht, heute im Besitz von westdeutschen Super-Bauern. Das erzählt Julius, mein Sitznachbar, ich trinke mit ihm ein Fußballbier dagegen. Auch Linde unterhält sich, mit einem Zottelbart. Worüber, kann ich nicht verstehen. Jesus schneidet Brot und Salami und Zwiebeln auf einem kleinen Brettchen und verteilt sie unter den SC-Schwerin-Fans und unseren Leuten. Wir steigen aus.

Hier kommt Jesus also her. Und hier in der Gegend wollen wir Johannes treffen. Schickes Bahnhofsgebäude, alles neu gemacht – und keiner da. Niemand wartet auf uns. Wir laufen los. Rafael navigiert uns, obwohl Jesus gesagt hat, er kennt den Weg auswendig. Warum ist hier überhaupt kein Mensch zu sehen? Rafael erzählt, dass Brandenburg eher nicht so dicht besiedelt ist und dass in diesem Kaff 15 000 Menschen wohnen. Klugscheißer. Linde trägt einen furchterregenden Papageienhut und das mit Stolz. Edith zieht einen mit Schaffellen beladenen Bollerwagen hinter sich her. Rahels Hackenporsche holpert markerschütternd, weil ein Rad fehlt, ihr ist das egal. Christina mit Rollkoffer, die anderen mit Rucksack.

Karneval in der Prignitz, würde ein Lokalreporter titeln, aber nicht mal den scheint es hier zu geben. Wir zuckeln über den kleinen Marktplatz, eigentlich sehr schön, kommen an der Stadtkirche vorbei, die Tür ist zu. „Sind gleich da", sagt Jesus, er zeigt auf einen Wohnblock aus den Fünfzigerjahren am Ende der Straße. Ein Mann um die vierzig öffnet. Der Bruder von Jesus. Er hat Farbe am Ohr und an seinen Händen. „Na, Bruder, haben wir mal wieder die Ehre?" Er lächelt schief. „In bester Gesellschaft, wie immer", schiebt er hinterher, merkwürdig abfällig. Er mustert uns und bittet uns in die kleine Wohnung. Full House. Die Mutter begrüßt uns. „Ich bin Maria." Es klingt eher bestimmt als herzlich. Völlig klar, sie hat hier die Hosen an. Sie stellt Kekse auf den Tisch, der Bruder holt Kaffee aus der Küche. Wir sitzen im Wohnzimmer, manche von uns auf dem Boden. In der Schrankwand steht ein kleiner Fernseher, irgendeine Talkshow läuft bei Sat 1, der Ton ist aus. Ansonsten ein paar Bücher, viele Ordner, Sammeltassen. Die Balkontür ist offen. „Bleibt ihr länger?", fragt die Mutter, wie Mütter ihre Söhne so was fragen. „Das kommt darauf an", antwortet Jesus unbestimmt, „wir sind zum Bauen hier." Wir schauen uns fragend an. „Und wegen Johannes", sage ich.

16. August: Große Freiheit mit Soljanka

Es war eng in den letzten beiden Nächten. Zu zwölft verteilt auf Wohnzimmer, Balkon und Flur. Maria hatte drauf bestanden, dass wir bleiben.

Jetzt stehen wir vor einem Wohnblock im Norden der Stadt. Jesus' Bruder – warum schaut er immer so mürrisch? – hat einen Schlüssel besorgt, von der Wohnungsgenossenschaft. „Es gibt so viele freie Wohnungen hier, warum soll von denen extra jemand herkommen?"

Wir gucken uns eine 4-Zimmerwohnung an. Zweite Etage. 320 Euro warm, der größte Wohnungstyp, den es hier gibt. Wir entern sie und reißen die Fenster auf. Hellgraue Einbauküche, Eckbank, im Wohnzimmer eine braune Schrankwand, ein Spiegel im Bad – *halbmöbliert* heißt das im Vermieterdeutsch.

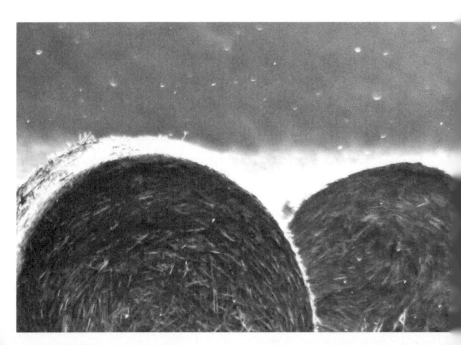

„Wie früher bei meinen Leuten in Mecklenburg", sagt Max.

„Wie in Spanien bei meinen Großeltern", ergänzt Christina, fast ehrfürchtig.

„Nehmen wir", bestimmt Jesus und geht auf den Balkon. Ich folge ihm, Sophie und Jan sind schon dort. Ein grandioser Ausblick über Felder und Wiesen. Satter Sommer. Sophie reißt einen grünen Strunk aus dem klobigem Balkonkasten, echter Waschbeton. Jesus lächelt.

„Guckt mal, die Lilien. Keiner tut was und sie wachsen trotzdem. Wir brauchen Matratzen, dann können wir anfangen."

später

Maria hat für uns Soljanka gekocht. Nur gut, dass nicht alle von uns Vegetarier sind. Ich habe einen Bärenhunger, es schmeckt

sonderbar, andere Küche irgendwie. Max schwelgt, ich habe ihn noch nie so fröhlich erlebt, das hier ist sein Revier. Er plaudert mit Maria, erzählt von Schlachtfesten auf den Dörfern seines alten Pfarrbereichs und bittet um den dritten Teller Suppe. Auch der Vater ist da, Josef, er hat einen Blaumann an. Ihm gehört eine Schlosserei, der Bruder arbeitet dort auch. Je länger wir am Tisch sitzen, desto mehr fällt Jesus aus dieser Familie heraus. Aus dem Rahmen. Sein Bruder behandelt ihn von oben herab, gleichzeitig aber mit verbissener Bewunderung. „Superbruder" nennt er ihn süffisant. Maria ist stolz auf ihren Jesus, aber zugleich wirkt sie verletzt. Jesus hatte sie im Tidecamp ja ziemlich abgekanzelt. Aber irgendwas muss vorher gewesen sein. Was Großes. Ich werde Jesus fragen.

„Was wollt ihr eigentlich hier?", fragt der Bruder nach seinem zweiten Schnaps. Die Frage sitzt. Eben noch großes Palaver, plötzlich Stille. Wir schauen auf Jesus. Der schiebt sich ein Stück Brot in den Mund und schaut uns an. Er kaut und schluckt. Dann nimmt er sein Wasserglas in die Hand und blickt zu seiner Mutter.

„Was will Gott eigentlich hier?", fragt er sehr leise.

Ich denke an diesen Spruch, dass der Prophet im eigenen Land nichts gilt.

„Hick." Max hat Schluckauf, das löst die gespannte Stimmung.

„Wir gehen in die Häuser", sagt Jesus. „Wir vertreiben die traurigen Geister. Wir befreien die Eingeklemmten. Jeder von uns. Zu zweit oder zu dritt. Wo der Geist Gottes ist, da ist Freiheit."

"Amen", sagt Max und die meisten lachen.

19. August: Kein schöner Land

Der Himmel ist blau. Der Himmel ist ein Gerüst mit Wolken. Der Himmel ist, wenn alle Stimmen schweigen. Dann weißt du: Es ist gut.

Der Himmel ist allerdings kein Resopaltisch. Tristesse pur. Wir frühstücken. Eingetütetes Mischbrot. Einen Bäcker haben wir noch nicht gefunden, wahrscheinlich wäre er auch zu teuer. Ich weiß nicht mal, wovon wir diese Minimiete bezahlen wollen. Irgendwann sind auch Rücklagen aufgebraucht.

"Kommt schon", sagt Jesus.

Ich glaube, es ist ein Fehler, dass wir hergekommen sind. Dass wir jetzt rausgehen sollen, immer zu zweit. "Der Himmel ist ganz nah", sagt Jesus, wir sollen davon erzählen. Den Leuten die Augen öffnen. Aber das stimmt einfach nicht. Der Himmel ist nicht hier, nicht in dieser trostlosen DDR-Küche. Das Haus steht zur Hälfte leer. Hier will keiner wohnen. Warum sollte gerade ich es wollen? Ich habe nur dieses eine Leben. Wenn das der Himmel ist, dann bleibe ich lieber auf der Erde.

„Komm", sagt Jan, „wir gehen erst mal los." Sein Lachen soll wohl Zuversicht ausstrahlen. Jan ist ein Spielkind. Dem macht so was nichts. Wir gehen mit leeren Händen. Keine Tasche, kein Geld, kein Handy, nicht mal eine Wasserflasche.

„Verlasst euch auf das, was kommt", sagt Jesus. Eine neue Panikwelle überfällt mich. Jan nimmt seine Geige mit. „Vielleicht können wir singen", meint er. Ich weiß nicht, ob er damit die Regeln bricht. Ein Handy wäre mir lieber.

Zu Fuß ist man nicht besonders schnell. Vororte ziehen sich wie Käsefäden auf einer Pizza. Hunger habe ich auch schon wieder. Die Straße ist abgerockt. Als hätte ein Riese Betonplatten aneinandergelegt. Es muss ziemlich rumpeln, wenn man mit dem Auto drüberfährt, aber wir haben ja sowieso kein Auto und ein Ziel erst recht nicht. Wir könnten abbiegen oder nicht. Demmendorf oder Wusterlitz, egal. Ich kenne keinen der beiden Orte. Was soll ich da also?

„Was willst du an einem anderen Ort?", fragt Jan. Ich weiß nicht. Freunde treffen, arbeiten, ein Theaterstück schauen, einen Personalausweis beantragen, ein neues Kleid kaufen. Eben das tun, was man sich vorgenommen hat.

„Und das findest du sinnvoller?"

Natürlich finde ich das sinnvoller.

„Warum?"

„Weil..." Ich finde, es liegt so auf der Hand, dass ich gar nicht weiß, wo ich anfangen soll. „Weil die Gesellschaft eben so funktioniert. Man arbeitet. Man hat Aufgaben."

„Haben wir doch auch. Wir bringen Himmel. Das ist heute unsere Aufgabe."

„Dann sag mir doch mal, wie wir das anstellen sollen. Wir wissen doch selber nicht, wie er aussieht, dieser Himmel."

„Vielleicht so?"

„Wie, so?"

„So wie das, was wir gerade tun. Gehen. Sein. Sehen, was kommt. Nicht funktionieren. Nicht planen. Nicht hundert Schritte voraus sein.

Von klein auf wird dir eingetrichtert, was du zu tun hast. Mit drei gehst du in die Kita, da sollst du deine motorischen Fähigkeiten ausbilden, später sollst du Abitur machen, genügend Ballaststoffe essen, bloß keine Lücke im Lebenslauf lassen, dein Studium nach wirtschaftlichen Erwägungen wählen, für die Rente sparen, dein Altglas zum Container bringen und ausreichend Kinder kriegen. Du sollst dein Leben ökonomisch ausrichten. Gott gefällt das nicht."

„Woher weißt du das?"

„Ich habe dich aus der Sklaverei befreit. Erstes Gebot."

Ich schnaube. Das geht mir zu weit. „Du willst doch nicht ernsthaft behaupten, dass wir in der Sklaverei leben?"

„Dann nenn es eben Abhängigkeit. Wir leben, um ein Wirtschaftssystem zu erhalten. Unser goldenes Kalb."

„Aber wir brauchen es doch auch. Wir profitieren davon! Willst du, dass alles zusammenbricht?"

„Genau diese Angst wird dir Tag für Tag suggeriert. Was würde eigentlich passieren, wenn mehr Leute einfach nicht mehr mitmachen würden?"

Die nächsten zwei Kilometer gehen wir schweigend. Meine Gedanken ecken dauernd irgendwo an.

Wusterlitz ist ein leerer Ort mit Mitte. Vor einem Brunnen sitzen drei Männer in Jogginghosen. Eine Frau schiebt ihren Kinderwagen. Dann gibt es noch einen Imbiss, der Bratnudeln für einen Euro anbietet. Ich habe Durst. Jan weist auf den Brunnen. „Das ist doch kein Trinkwasser", winke ich ab. Er sieht mich spöttisch an. „Wir sind in Deutschland. Was meinst du, was du kriegst? Cholera?"

Ich trinke. Die Jogginghosenmänner gucken. Jan packt seine Geige aus.

„Los", sagt er, „wir singen was."

„Ich kann nicht singen."

„Wird schon gehen."

Er beginnt zu spielen. *Kein schöner Land in dieser Zeit, als hier das uns're weit und breit, wo wir uns finden, wohl unter Linden...* Ich zucke zusammen. Ist das nicht ein Nazilied?

„Das ist ein Volkslied", sagt Jan, und ich staune, dass der Text tatsächlich irgendwo in meinem Hirn abgespeichert ist. Es folgt *Wenn die bunten Fahnen wehen* und dann *Die Gedanken sind frei*. Jan hat eine schöne Stimme. Bei *Hejo, spann den Wagen an* haben sich schon ein Dutzend Leute zu uns gesellt. Weiß der Himmel, wo die auf einmal herkommen. Erstaunlich viele singen mit, zumindest streckenweise. Am Ende bringt uns der Chinamann zwei Teller Nudeln.

Die Leute fragen, was wir hier machen. Ob wir auf der Durchreise sind. „Nee", sagt Jan, „wir wohnen jetzt drüben in Lichterow." Ich zucke schon wieder zusammen. „Keene Arbeit, was?", fragt ein Mann. „Doch", sagt Jan, „diese hier." Die anderen lachen und spenden 50-Cent-Stücke.

Am späten Nachmittag gehen wir zurück. Der Himmel war das nicht. Aber es war ganz okay.

19. August: Schlüsseldienst

Langsam trudeln alle ein. Wir sitzen auf dem braunen PVC-Boden in unserer Wohnung. Die Luft ist stickig, von Zeit zu Zeit schwappt eine Abendbrise durch die Balkontür. Jesus hat Döner gekauft. Eine ganze Tüte liegt in der Mitte des Raumes. Döner und Pommes.

Ich bin hundemüde, ein irrer Tag. Ich war mit Rafael unterwegs, wir haben nur eine einzige Straße abgeklappert. Als Haustürvertreter würde ich keine müde Mark machen, ist einfach nicht mein Talent, aber wir haben mit vielen Menschen geredet. Kuchen gegessen, gelacht, Fotos angeguckt. Auch Schnaps getrunken, einen Kanarienvogel eingefangen und Toilettenpapier für eine ältere Dame gekauft. Es war wie damals als Zivi, nur besser.

„Hallo", sagt Edith, sie hat Richard im Schlepptau, schnappt sich einen Döner und setzt sich auf den Boden. „Und bei euch so?"

Aber sie wartet nicht auf eine Antwort, es sprudelt aus ihr heraus.

„Ich finde diese Leute ja wunderbar. Geerdet, schlechtgelaunt, gutherzig! Bei euch auch? Also wir haben einen Mann besucht, der hat seit 20 Jahren keine richtige Arbeit mehr, der hat über den Staat und die Kirche und über alles geschimpft, auch über so andere Hausierer, die schon bei ihm geklingelt haben und ihm sagten, er müsse umkehren. Das müssen Leute von Johannes gewesen sein. Er hat gesagt, dass er ja gerne umkehren wolle, aber das geht nicht mehr, man kann die Zeit ja nicht zurückdrehen, und dann hat er uns einen sehr leckeren Pfefferminztee gekocht. Und ich habe seine Küche sauber gemacht und das Fenster geputzt, und Richard hat mit ihm über Gott und die Welt geredet, na ja, eigentlich mehr über die Welt, stimmt's, Richard? Zum Schluss hat er gesagt, er würde uns gerne wieder einladen zu sich und er würde, falls er nochmal fromm werden sollte in seinem Leben, für uns beten, weil es ja ziemlich schlimm um uns stehen müsse, wenn wir hier in diesem Kaff an den Haustüren klingeln, und dass man doch ein Zuhause brauche."

Gierig beißt sie in ihren Döner. Ich dachte, dass sie Vegetarierin sei. Jesus gießt den beiden Wasser in ihre Plastikbecher.

„Warum", fragt Richard, „wissen die Leute hier so wenig über Gott?"

„Gottverlassene Gegend eben", brummt Max trocken.

Jesus lacht. Laut. Zum ersten Mal lacht Jesus so richtig laut. Ich verschlucke mich und muss husten.

„Max, ich widerspreche!", ruft Jesus. „Nicht gottverlassen, nur blind und abgestumpft. Ist aber nicht ihre Schuld. Wir sind hier, um die Türen aufzumachen. Dann kann Gott auch wieder rein. Wir sind so etwas wie der Schlüsseldienst."

20. August: Sophie trifft Herrenmenschen und wird geküsst

Die Frage nach dem Himmel lässt mich nicht los. Wenn wir durch die Dörfer ziehen und Jan Musik macht, dann ist das schön. Dann scheinen wir für die Leute hier eine Abwechslung zu sein, die sie gern mitnehmen. Wir sind wie ein Wanderzirkus, unterhaltsam, aber nicht ganz echt. Wir sind Clowns. Ist der Himmel also eine Art rosarote Brille?

Jan sieht, dass ich schon wieder grübele. Wir sind zum vierten Mal zusammen unterwegs und wissen langsam, wie wir ticken. Jan macht sich um nichts Sorgen, um gar nichts.

Er plant nicht, sondern lässt die Dinge auf sich zukommen. Dann improvisiert er auf seiner Geige. Nachmittags findet er Kaffee gut. Ich weiß nicht, ob er sich Gedanken darüber macht, wo es welchen geben wird. Ich würde das. Jan geht einfach davon aus, dass er seinen Kaffee kriegt, und meistens klappt das auch.

Er boxt mich in die Seite: „Na, Denkerin? Wo bist du?"

Ich grinse gequält. Es ist mir peinlich, dass ich nicht so entspannt bin wie er. „Es kann doch nicht sein, dass der Himmel nur ein bisschen Unterhaltung ist. Der Himmel müsste doch viel umfassender, viel durchdringender sein."

Jan bleibt stehen. „Wann hast du dich zum letzten Mal so richtig nach etwas gesehnt?"

„Weiß nicht."

Er lässt das so stehen. Wieder mal gehen wir schweigend nebeneinanderher und ich fühle mich, als hätte ich versagt. Wir kommen in einen Ort, der Neuschöndorf heißt. Weil es keinen Marktplatz gibt, setzen wir uns auf die Mauer vor einer Tankstelle. Ein paar Typen hängen da ab. Sie halten Bierdosen in der Hand und einer trägt ein T-Shirt, auf dem steht *Herrenmensch*. Es ist ihm zu groß. „Heil Hitler!", grölt er.

„Jau", ruft Jan, „der kann Heil brauchen!" Dabei lacht er entwaffnend. Er muss verrückt sein.

„Willste Ärger?", lallt der Typ.

„Nee."

Er guckt Jan abschätzend an. „Was willst'n dann hier?"

„Den Himmel finden."

Er hätte auch sagen können: Ein Nashorn fangen oder einen Neandertaler treffen. Aber Jan spricht einfach weiter, als sei es das Normalste von der Welt. „Man denkt nämlich immer, der Himmel kann nicht an einer Tankstelle sein. Kann er aber doch. Weil der Himmel so ist wie ein Schatz. Du suchst ihn und suchst ihn, und plötzlich weißt du, wo er vergraben liegt. Du verkaufst alles, was du hast, weil dieser Schatz einfach viel geiler ist als dein Opel. Und dann kaufst du das Land. Vielleicht steht eine Tankstelle drauf."

Jan nickt den Jungs aufmunternd zu. Einen Moment lang passiert gar nichts. Dann sieht es aus, als würden sie sich aus einer Trance lösen. Jetzt hauen sie ihn, denke ich. Überlege, ob wir weglaufen können. Aber der Typ kickt nur seine Bierdose weg. Schüttelt den Kopf.

„Was seid ihr Spacken." Es klingt nicht richtig überzeugt. Aber sie setzen sich in ihr Auto und fahren davon.

„Jan, was sollte das? Bist du wahnsinnig, solchen Typen mit dem Himmel zu kommen?"

„Wieso?" Sein Blick versucht unschuldig zu sein.

„Du weißt genau, wieso. Wenn die dich zusammengeschlagen hätten! Das wäre ganz bestimmt nicht der Himmel gewesen!" Ich versuche, meine Stimme zu mäßigen. „Mensch, Jan, ich hab so gezittert."

„Wo soll er denn sonst sein, der Himmel?"

„Jedenfalls nicht hier!"

„Vielleicht doch." Er macht zwei Schritte auf mich zu und küsst mich. Ich bin dermaßen perplex, dass ich einfach gar nichts tue.

21. August: Ein Plastiklöwe im Garten Eden

Seit drei Tagen pilgern wir durch die Stadt. Immer zu zweit, stets mit leeren Händen unterwegs. Es ist anstrengend, aber mir gefällt es. Mit fremden Menschen zu reden hat mir noch nie was ausgemacht. Gehört ja auch zu meinem Job. Aber so schnell habe ich noch nie so viele Leute kennengelernt. Mittlerweile habe ich dieses Lichterow ins Herz geschlossen. Ich sehe Dinge, für die ich vor ein paar Tagen noch blind war. Auf einer ausgemusterten Telefonzelle steht ein Plastiklöwe, so wie es sie manchmal vor billigen Restaurants gibt. Super Installation, der Löwe wacht über ein kaputtes Telefon. Ich hab auch ein Faible für Vorgärten bekommen. Diese Stadt ist alles andere als schön. Aber in dieser gähnenden Hässlichkeit gibt es irre Vorgärten. Üppig wie der Garten Eden. In einem, eine Frau hockt halb stehend, halb sitzend auf ihrem Rollator, wohnt ein Kanarienvogel. Der Käfig hängt an einem Fliederbusch. Es passt unglaublich viel Anmut in die Hässlichkeit rein. Das rührt mich.

Heute bin ich mit Max unterwegs gewesen. Und Max hat diese Pastor-macht-Hausbesuche-Nummer durchgezogen. Klingeln, freundlich gucken, nicht viel sagen. „Hallo, wir wollen nichts verkaufen, wir wollen Sie besuchen." Und dann hat er diesen gütigen Blick drauf. Wenige Augenblicke später läuft die Kaffeemaschine und wir sitzen am Tisch oder auf einem Sofa. Max ist ein Meister der passiven Kommunikation. Er hat ein ganzes Arsenal an zustimmenden Gesten und Lauten und nonverbalen Fragezeichen – uns wurden heute 13 Herzen ausgeschüttet. Ausnahmslos Frauen und die meisten haben ihn wieder eingeladen. Ihn, ohne mich. Max ist ein Herzenöffner. Am Ende, wenn wir gehen wollten, hat er immer die gleichen Fragen gestellt: „Was hast du noch vor mit deinem Leben? Hast du was versäumt?"

Und dann haben sie herumgedruckst, eine Frau Ebert hat losgeheult, Max hat ein wenig gewartet, die Hand ganz sachte auf ihren Arm gelegt und dann gesagt: „Gott steht dir bei. Kannst du ihm glauben."

Wir sitzen auf unserem Feld hinter dem Haus. Es wurde vorgestern abgeerntet. Großes Mähdrescherkino. Durch die Wolldecke pieksen die Stoppeln, wir haben ein Feuer angemacht, beschwert hat sich noch keiner. Ein Nachbar hat sich zu uns gesellt, manche von uns haben von ihren Tagestouren neue Bekannte mitgebracht. Nein, es ist keine Hippie-Sommer-Stimmung mehr. Es ist komplett anders. Tidecamp war Urlaub. Hier ist Alltag. Aber ein verdammt guter Alltag. Denn wir arbeiten. So fühlt es sich an. Jesus hat heute Morgen gesagt: „Wir säen. Gott lässt was wachsen. Supereinfach, wenn man das mal begriffen hat."

22. August: Verrückt

Ich frage mich allen Ernstes, ob Jan verrückt ist. Weil er mich geküsst hat, aber auch sonst. „Warum hast du das getan?", frage ich und meine den Kuss.

„Weil ich es wollte."

„Was ist mit mir?"

„Was ist mit dir?"

„Was ist, wenn ich es nicht wollte?"

„Wolltest du nicht?"

„Ich weiß nicht…", murmele ich, denn ich weiß es wirklich nicht.

„Na, dann ist doch gut, dass wenigstens einer von uns beiden weiß, was er will. Sonst würde nie etwas passieren."

Das ist es, was ich meine. „Du bist verrückt."

Wir sitzen auf dem Balkon aus Beton. Ich habe Margeriten in die Kästen gepflanzt, aber sie stehen in sonderbarem Kontrast zum Rest, als wollten sie sagen: So leicht verändert sich hier nichts. Jan sagt, er glaube, es sei unsere Aufgabe, verrückt zu sein, damit wir die Verhältnisse verrücken.

„Alles, was Jesus macht, ist verrückt. Warum sind wir hier? Warum erzählen wir diesen Leuten vom Himmel, obwohl es wahrscheinlich das Letzte ist, wonach sie fragen würden? Die Leute hätten doch tausendmal lieber einen neuen Fernseher oder den fünften Ein-Euro-Laden. Mensch, Sophie, schau dich doch um. Hier kannst du nicht argumentieren. Manchmal musst du irgendwas ganz Absurdes machen, wenn du die betonierte Wirklichkeit verrücken willst."

Er nimmt zwei Züge Bier. Kein Mond am Himmel. Von drinnen Lachen. „Deshalb habe ich dich geküsst. Ich würde es wieder tun."

27. August: Jesus macht was heil

Um vier wollen wir alle zusammen auf den Markt gehen. Ich würde gern vorher duschen. Wenn dreizehn Leute ein Badezimmer teilen, braucht man viel Geduld und eine möglichst hohe Ekelschwelle. Spätestens bei Person acht schwimmt der Boden und Haare kräuseln sich auf den Fliesen. Ich bräuchte Flipflops, aber es ist vertrackt, an Flipflops zu kommen ohne Geld. Ich müsste es offen ansprechen. Aber die Blöße will ich mir nicht geben. Die anderen scheinen ja auch damit klarzukommen. Also dusche ich in Socken.

Um halb vier ist das Bad endlich frei, aber ich bin schnell, denn das heiße Wasser ist ohnehin alle. Ich rubbele meine Haare trocken, die ich, seitdem ich nicht mehr zum Friseur gehe, raspelkurz schneide. Da kann man nicht so viel falsch machen und ich finde es auch gar nicht schlecht. Witziges Phänomen: Bei den Männern werden die Haare länger, bei uns Frauen kürzer. Nur Julia versucht Dreadlocks zu kultivieren. Es ist noch ein weiter Weg, schätze ich.

Ich hänge mein Handtuch auf den Balkon zum Trocknen. Ich hüte es wie mein Heiligtum. Manche Sachen will ich nicht teilen. Ich will meine Zahnbürste, mein Handtuch, meine Schuhe und meine Ohropax. Das hat nichts mit Besitz, sondern mit Nähe zu tun. Zu viel davon kann ich nur schwer aushalten. Den anderen scheint es nicht so zu gehen. Oder haben sie ähnliche Strategien, die sie genauso verbergen wie ich die meinen?

Wir müssen los. Ich weiß eigentlich gar nicht, was geplant ist, nur dass Jesus heute reden will. Das entspannt mich, denn dann muss ich nichts tun. Wir schlendern durch die Straßen. Es ist warm, spätnachmittägliche Dösigkeit. Heute macht mir die Leere nichts aus, sie erinnert mich an einen südspanischen Ort zur Siesta. Auf dem Marktplatz ist ein bisschen mehr los. Am Kiosk ist immer eine kleine Schlange, weil es dort grünes Wassereis gibt, aus so einer quirlenden Plastikbox, die aussieht wie ein Aquarium, nur ohne Fische. Auch beim Vietnamesen (der hier der Einfachheit halber wie alle Asiaten *der Fidschi* heißt) sind zwei Tische besetzt, außerdem rattern ein paar Skateboards über den Platz. Jan packt seine Geige aus und Linde ihre Flöte. Was am Anfang der Alptraum all meiner Klischees war, finde ich jetzt gar nicht mehr so schlecht. Jethro Tull klingt schließlich auch nicht nach musikalischer Früherziehung. Ein paar Leute kommen dazu, die meisten kennen uns schon, besonders Alex und Max, weil die nicht wie Jan und ich in den Dörfern unterwegs waren, sondern hier in der Stadt. Ich setze mich auf die Stufen am Kriegerdenkmal und halte mein Gesicht in die Sonne. Jan bringt mir in einer Spielpause Kaffee, ich habe mir abgewöhnt zu fragen, wo er ihn herhat. Dabei küsst er mich flüchtig. Auch das habe ich mir abgewöhnt: zu fragen, wie ich das finde. Zur Sonne passt es gut und vielleicht mache ich mir wirklich zu viele Gedanken. Ich glaube, die anderen sehen uns als Paar, zumindest als zukünftiges. Zwischendurch nicke ich ein paarmal weg, das liegt an den Nächten. Irgendwer hustet, kruschelt oder schnarcht immer. Als ich die Augen aufmache, ist der Platz voller Leute. Verwirrt blicke ich mich um. Wo kommen die alle her? Was wollen die? Es ist mucksmäuschenstill. Jesus hat sich auf den Rand des Denkmals gesetzt.

„Heil sind alle, die arm sind. Lasst euch nicht einreden, dass euch etwas fehlt.

Heil sind alle, die wissen, dass ihr Glaube nicht mehr als einen Cent wert ist. Den Himmel gibt es für weniger.

Heil sind alle, die um ihre verlorenen Träume trauern: Ihr habt nicht umsonst geträumt.

Heil sind alle, die aufhören, mit sich selbst und anderen ins Gericht zu gehen. Liebt – und euch gehört die Zukunft!

Heil sind alle, die Hunger nach mehr als allem haben: Ihr werdet satt werden.

Heil sind alle, die sich erweichen lassen …"

Heil, heil, heil, das Wort setzt sich in mir fest, ich sehe die Tankstelle vor mir, ich höre Oma singen. Heile, heile Segen. Wie das wäre: wenn die Dinge einfach heil wären. Wenn Enttäuschung und Verletzung einfach keine Rolle mehr spielten. Keine Verbitterung, keine Härte, kein Zynismus. Plötzlich habe ich so eine Sehnsucht danach, dass ich nach etwas greifen möchte, aber Jan hockt auf der anderen Seite vom Brunnen, also schlinge ich die Arme um meine Beine.

„Heil sind alle, die mit sich im Reinen sind. Ihr seht Gott.

Heil sind alle, die Frieden machen. Ihr seid die Nachfolger Gottes.

Heil sind alle, die an das Paradies glauben. Lasst es euch nicht ausreden.

Der Himmel liegt uns zu Füßen. Und wenn wir deswegen belächelt, verspottet, angegriffen, vertrieben werden, dann sage ich euch trotzdem: Ihr seid heil. Denn ein anderes Leben ist möglich."

Heil sind alle. Und ich gehöre dazu mit all meinen beschissenen Selbstzweifeln. Es ist, als hätte mich gerade jemand aus lauter Scherben wieder zusammengesetzt.

27. August: Mahlzeit und Schweinevesper

Das letzte Mal, dass Leute auf dem Marktplatz hier geklatscht haben, erzählt Frau Ebert, war 2007. Puhdys-Konzert, die vorletzte Abschiedstour. Frau Ebert ist aufgeregt. Sie nestelt an ihrer Strickjacke, die sie trotz Affenhitze über ihrem Kittel trägt. Sie hat Jesus gebannt zugehört. Ich habe sie beobachtet, weil sie Max ziemlich zu Leibe gerückt ist. Und mitgesungen hat sie wie eine Nachtigall. *Geh aus mein Herz und suche Freud'* – das hat mich umgehauen. Ein Marktplatz in der Provinz und mehr als hundert Leute singen so ein Lied, Wladimir vom Dönerstand, Jesus' Bruder im Blaumann, ein paar Kita-Kinder mit ihrer Erzieherin, ist das mal ein Chor? Bei den anderen Liedern hab ich das ja noch verstanden, so Mitsingpop, aber *Geh aus mein Herz*? Irre. Nur ein paar junge Männer mit unscharfen Tattoos auf dem Schädel haben rumgepöbelt, „Kackbratzen, so ne Rentnerscheiße, ihr werdet schon sehen!", haben sie gerufen, aber unser Gesang war lauter. Dann haben sie sich untereinander angegrunzt und neben dem Kiosk eine Pyramide aus Bierbüchsen gebaut.

Ich sitze auf den Stufen des Kriegerdenkmals, seit einer Stunde sind wir hier. Wir sind viele, immer mehr sind es geworden, die Hoffnungsrede von Jesus war wahnsinnig gut. Vom Heilwerden reden in einer kaputten Stadt – das saß. Ich habe ihn noch nie so lange am Stück reden hören. Eine leichte

Brise streift mein Ohr, ich würde jetzt gern auf dem Feld sitzen vor unserem Wohnblock, auch den anderen scheint es so zu gehen. Die Leute einfach nach Hause schicken, was essen, ausruhen.

Aber Jesus sagt: „Kommt, wir essen zusammen."

„Wir haben doch kaum was dabei", sagt Christina. „Zwei Wurstbrote und fünf Äpfel", ergänzt Richard, „die reichen ja nicht mal für uns. Was sagt eigentlich unsere Kasse, Rafael?"

„Alle werden satt, ihr Angsthasen. Habt ihr mir nicht zugehört?"

Ehe Jesus schlechte Laune bekommt, lenken wir ein. Wir bauen auf den Stufen ein provisorisches Büfett, legen alles drauf, was wir haben. „Picknick", ruft Frau Ebert über den Platz. Und zu uns sagt sie verschwörerisch: „Schweinevesper heißt das hier, wenn zwischen Kaffee und Abendbrot alles durcheinandergegessen wird." Sie hat so einen Das-muss-jetzt-mal-einer-in-die-Hand-nehmen-Blick drauf, es würde mich nicht wundern, wenn sie früher Lehrerin gewesen ist. „Ich hole Leberwurst und saure Gurken." Irgendwie berappelt sich jetzt die Menge, ein paar Leuten gehen nach Hause, andere laufen zum Kiosk. Obst oder Müsliriegel tauchen auf. Das Büfett wächst, ein Campingtisch wird dazugestellt. Ein paar ältere Damen kommen mit Suppenkannen zurück, die hab ich seit meiner Kindheit nicht mehr gesehen, und Wladimir vom Dönerstand bringt einen großen Teller Lammfleisch und ein paar Cola-Dosen.

„Wie früher in der Schulspeisung!", ruft ein mittelalter Herr in beiger Weste. Der Duft von Erbsensuppe mischt sich mit dem von Sesam und Weißkraut. Der Bürgermeister schickt eine Palette mit Wasserflaschen, er selbst muss zu einem Termin und lässt freundlich grüßen. Die Flaschen stammen aus dem letzten Wahlkampf, *Ein kühler Kopf für freie Wähler* steht auf den Etiketten, daneben das Gesicht des Kandidaten. Auch der Bäcker kommt aus seinem Lädchen, er hat Bienenstich dabei, stellt ihn zu den anderen Sachen und will wieder gehen. „Danke", sagt Jesus. „Iss doch mit uns." „Nee, muss weitermachen." Aber Jesus lässt nicht locker. „Der Mensch lebt nicht vom Brot allein." Der Mann setzt sich.

Das Büfett ist bunt, die mitgebrachten Stühle und die Plastikbänke vom Kiosk füllen sich, die Bierkästen und Blumentöpfe, alles, worauf man sitzen kann. Die Suppe dampft. Aber keiner greift zu. Alle warten auf ein Zeichen. Wo ist Jesus? Sollen wir singen? Soll einer von uns was sagen?

Da steht Frau Ebert auf. „Aber das darf doch nicht kalt werden! Also, jetzt beten wir mal alle zusammen, einverstanden? Der Tisch gedeckt, alles, was uns schmeckt. Wir sind hier und danken dir."

Ich lache. Frau Ebert ruft in die Runde. „Mahlzeit, ja?" Von überall echot ein „Mahlzeit" zurück.

Es ist ein Fest. Ich bin geflasht. Weil es so ein heiliges Durcheinander ist. Das alles hat weder Form noch Etikette, aber die Leute reden miteinander. Sie teilen sich schrumpelige Äpfel und klebrige Müsliriegel und kratzen die Erbsensuppe zusammen aus. Ich verliere mein Zeitgefühl. Ich rede mit mindestens 500 Leuten. Höre Geschichten, unglaubliche. Ich erzähle von Otto und von Marion, es fühlt sich an wie eine Beichte. Will mir alles merken und vergesse das meiste. Ich bin wie betrunken, obwohl ich keinen Tropfen Alkohol intus habe. Jesus ist einfach dabei. Er gibt nicht den Guru. Obwohl einige Leute hier vielleicht genau das wollen.

Dann ist es kurz vor zehn, großes Aufräumen, sonderbar still ist es auf einmal. Frau Ebert hat sich beim Kiosk einen Besen ausgeliehen. Max raucht eine Zigarette. Und Frau Ebert sagt wie zu sich selbst: „Schön war das. War das schön."

27. August: Kein Wunder

Johannes ist tot.

Es war doch eben noch alles... Wir im Garten. Kerzen und Glück. Weil der Tag so besonders war. Die ganzen Menschen, das Essen. Wolke sieben.

Johannes ist tot.

Reset.

Alles auf Null.

Alex telefoniert mit seiner Frau. Linde liegt in Max' Arm und weint. Rahels Blick ist gehetzt, sie murmelt, manchmal schreit sie auf. Julia und Marie wollen nach Hause. Rafael durchforstet das Internet. Wo Jan ist, weiß ich nicht. Die anderen sitzen da wie ich.

Ich muss mich beruhigen.

Eben saßen wir noch im Garten. Den okkupieren wir jetzt einfach. Nutzt ja sowieso keiner. Es gibt einen Hügel mit einer rostigen Wäschestange, eine Hainbuchenhecke und eine Bank, auf der nie jemand sitzt. Keiner wollte schlafen gehen, wir waren alle zu aufgekratzt. Richard sagte, das sei ein Wunder gewesen: Zwei Wurstbrote und fünf Äpfel und alle werden satt. Aber ein Wunder kann es doch nicht sein, wenn gleichzeitig einer stirbt.

Plötzlich stand Maria da. Ich dachte, was macht die denn hier? Erst habe ich gar nicht verstanden, was sie will. Euer Freund, wiederholte sie immer wieder. Euer Freund. Totgetreten. Ich dachte, was für ein Freund, bis es dann irgendwann durchsickerte. Johannes.

Ich brauche eine Zeitung, aber da steht ja frühestens morgen was drin. Wenn überhaupt. Rafael kommt rein. „Hier", sagt er und hält seinen Laptop in der Hand. Totenstille.

Altenbirk. Ein Obdachloser ist offenbar in den späten Nachmittagsstunden das Opfer von vier Mitgliedern der rechten Szene geworden.

Ich denke, wieso Obdachloser, was hat das mit Johannes zu tun, und bin schon erleichtert, dass er es nicht ist. Aber natürlich ist er es. So kann man es sehen. Einfach irgendein Obdachloser.

… die festgenommenen Verdächtigen sind zwischen 21 und 26 Jahre alt, sagte der Sprecher der Staatsanwaltschaft. Sie stammen aus Neuschöndorf. Nach Polizeiangaben haben sie die Auffassung geäußert, dass „Asoziale und Landstreicher nicht in die Gesellschaft passen". Der 42-jährige Obdachlose soll am Donnerstagnachmittag von den jungen Leuten mit Schlägen und Fußtritten gegen Oberkörper und Kopf getötet worden sein. Augenzeugen berichten, dass das Opfer trotz mehrfacher Aufforderung den Ort nicht verlassen wollte. Er habe die Angreifer verbal provoziert. Unbestätigten Angaben zufolge stammt das Opfer ursprünglich aus Hamburg und zählte sich zur sogenannten „Jesusbewegung".

31. August: Alex hat einen Kompass und trotzdem Angst

Der vierte Tag nach Johannes Tod. Marion hat mich angeschrien am Telefon. Ob ich noch einen Rest Verantwortungsgefühl in meiner verwirrten Birne habe. Was das alles genau mit uns zu tun habe. J E S U S B E W E G U N G, sie hat jeden Buchstaben ins Telefon gespuckt, ob wir Helden spielen wollen oder was. Dabei habe ich sie angerufen. Weil ich plötzlich solche Angst hatte. Ich wollte sie beruhigen, wahrscheinlich wollte ich auch mich beruhigen, wissen, dass zumindest zuhause alles in Ordnung ist. Aber zuhause, was heißt das schon. „Arschloch", hat sie gesagt, „warum das alles?" Dann hat sie aufgelegt.

Warum das alles, gute Frage. Eigentlich ist mir das immer klarer geworden. Weil ich endlich einen Kompass gefunden habe. Eine Aufgabe. Einen Platz. Weil das Leben noch kein Leben ist, wenn es einfach nur nett ist, das Geld reicht und im November der nächste Sommerurlaub geplant wird. Nett ist scheiße, zumindest auf lange Sicht.

Wir sind wieder *on the road*. Jesus hat uns gleich am nächsten Morgen losgeschickt. Leute besuchen, reden. „Sie brauchen euch", hat er gesagt. Und uns dann, einem nach dem anderen, die Hand auf die Schulter gelegt. Aber nichts ist wie vorher. Jan sagt, er kann gerade nicht Geige spielen, kommt sonst nur Blues raus. Wir haben keine Lieder mehr auf den

Lippen. Mir fällt das Reden schwer. Türen öffnen geht gerade nicht. Wir reden mit den Leuten, die wir schon kennen. Frau Ebert meint, mit den Rechten sei nicht zu spaßen. Die hätten Leute, die sie schützen. Und dass die ja auch gute Sachen machen würden. Ein schönes Feuer, zum Sommeranfang, Spiele für die Kinder, Würstchen umsonst. Ihr persönlich gefalle das trotzdem nicht, der Ton sei streng, wie bei der GST früher, aber das merkten die jungen Leute ja gar nicht. Ich erkläre Rafael, mit dem ich unterwegs bin, dass sie die Gesellschaft für Sport und Technik meint, zu DDR-Zeiten ein Lockvogelangebot für die Jugend. Brot und Spiele, Motorradprüfung umsonst, Schießübungen, das militärische Einmaleins im Freizeithemd.

Später stehen wir am Kiosk auf dem Marktplatz. Edith fragt, ob Jesus wieder aufgetaucht sei. Seit vorgestern ist er unauffindbar. Aber keiner hat ihn gesehen. Max beruhigt uns, das wäre doch nicht neu, dass Jesus ab und zu mal abtauche, habe er doch im Tidecamp auch gemacht. Max sagt, und er grinst ein wenig dabei, dass spirituelle Existenzen ihre Auszeiten bräuchten. Geistlich stark werde man, wenn man sich in die Tiefen des Gebets werfe und auch vor den Abgründen nicht davonlaufe. Wenn man eben in sich gehe. Er selbst sei schlecht in diesen Dingen, aber Jesus, der …

„Was'n los hier? Kein Zuhause, ihr Schwuchteln?"

Es sind die Männer mit den Tattoos auf dem Schädel, die schon vor ein paar Tagen rumgepöbelt haben. Sie wirken weniger betrunken als beim letzten Mal, ich habe trotzdem Angst. Vielleicht auch gerade deshalb. Es scheint den anderen genauso zu gehen, komisch eigentlich, wir sind zwölf, die Männer nur zu viert.

Max wagt sich schließlich mit einer Antwort vor. „Doch, doch, Friedensstraße 13, ihr seid jederzeit willkommen." Mir stockt der Atem, das kam sehr nassforsch raus, obwohl es wohl so Max-mäßig entwaffnend gemeint war.

„Ihr wollt uns wohl verscheißern", sagt der dürrste von den vieren, „wir treten euch die Bude ein, macht bloß, dass ihr hier wegkommt. Glaubt ja nicht, dass ihr mit eurem Gefasel hier landen könnt." Er verzerrt sein Gesicht und sagt mit verstellter Stimme: „Heil sind alle, die Frieden machen." Die anderen lachen wie auf Bestellung, öffnen ihre Bierbüchsen mit den Zähnen, der Dürre spuckt vor uns aus.

„Heil, heil, heil", äfft er uns an, „so ne Kotze."

Max weicht einen Schritt zurück, Christina macht einen nach vorn.

„Was ist denn mit euch los? Wir tun euch doch überhaupt nichts."

„Haut ab hier! Alle! Sofort! Unser Platz hier – kapisch?"

Ich kriege eine Riesenwut. Sind wir so ohnmächtig? Zwölf zu vier! Was würde Jesus jetzt machen?

„Lasst uns gehen", sagt Sophie leise. Die meisten nicken. Klar, wir sind nicht hier, um Stress zu machen. Um uns zu schlagen. Aber in mir brodelt es. Wer am lautesten schreit, setzt sich durch. Ist das so? Ist das schon das ganze Rezept dieser Arschlöcher? Rumschreien und darauf setzen, dass sich alle ducken?

„Habt ihr Arbeit, habt ihr Kinder?", versuche ich ein Gespräch. Der Dürre presst Luft durch die Nase und verdreht die Augen.

„Komm schon", sagt Christina, „die wollen doch nur Ärger machen."

Edith sagt, mit zitternder Stimme, es klingt etwas weinerlich: „Wir beten für euch, ehrlich."

Der Dürre lacht hysterisch, geht auf Edith zu und schreit ihr ins Gesicht: „Und wir trinken für euch, ihr Gurken!" Dann gießt er seine Bierdose über ihrem Kopf aus und sagt: „Amen!"

„Habt ihr auch ein Bier für mich?" Jesus steht plötzlich hinter Edith. Keine Ahnung, wo er auf einmal herkommt. Er schiebt sich nach vorn und stellt sich vor den Dürren hin. Ein Schrecken durchfährt uns, aber auch die Kahlschädel scheinen verwirrt. Jesus scheut keine Nähe, nur zehn Zentimeter trennen seine Nase von der des Dürren. „Hast du kein Bier für mich?", wiederholt Jesus mit sagenhaft ruhiger Stimme. Der Dürre hält dem Blick von Jesus stand, aber nur für ein paar Sekunden. Dann schaut er nach unten und geht ein paar Schritte zurück. „Werdet schon noch sehen", sagt er mit gepresster Stimme. Er deutet eine Kopfbewegung an, seine Kumpane verstehen, Rückzug. Die Platzhirsche räumen das Feld.

Jesus dreht sich zu uns um. „Ihr braucht keine Angst zu haben. Nicht vor denen. Begreift das doch endlich, Gottes Geist ist stärker als jedes Schwert und jede Bierdose und jede billige Parole. Ihr seid heilig. Ihr könnt widerstehen. Ihr seid Mehrseher. Weil ihr selbst in solchen Typen nicht nur das Schlechte seht. Okay?"

Jesus hat Augenringe.

Aber er lächelt zuversichtlich.

5. September: Jesus schaut in ein Kaleidoskop

Ich war noch nie bei einer Beerdigung.

Meine Oma wurde ins Meer gestreut, weil mein Vater das so wahnsinnig romantisch fand: „Dann sieht sie endlich was von der Welt." In Wahrheit war es ein letzter posthumer Akt der Brutalität, um es ihr heimzuzahlen. Jetzt, wo sie sich nicht mehr wehren konnte. Meine Oma hasste es nämlich zu verreisen. Das Schlimmste war für sie, wenn sie mit ihrem Dackel Jockel in den Nachbarort fahren musste, weil es nur dort einen Tierarzt gab. Ein paarmal meinte ich sogar in ihrem Gesicht die Abwägung zu lesen, ob es sich noch lohnte, für den Köter die Fahrt auf sich zu nehmen. Sie tat es dann doch und belohnte sich jedes Mal mit einem Glas *Klosterfrau*, wenn ihr Vorgarten sie wiederhatte. Mein Vater wollte ihr immer einreden, wie furchtbar provinziell sie wäre und dass andere, noch viel ältere alte Leute zu Südpolarexpeditionen aufbrachen oder mindestens die Zugspitze bestiegen. Aber Oma lachte ihn aus und sagte, er könne von ihr aus sogar den Mond besteigen. Sie bliebe solange in ihrer Küche. Nun dümpelt sie also ungewollt für alle Ewigkeit in der Ostsee. Wobei ich mich weigere, mir vorzustellen, dass Omas Asche nun Fischfutter ist. Mein Vater würde sagen, das sei doch alles ganz natürlich, aber das ist überhaupt kein Trost, denn es gibt ziemlich viele natürliche Sachen, die trotzdem furchtbar sind. Natur ist nicht nett.

Gut, dass Gott einen Ausgleich gibt und sagt: „Okay, es sieht nicht schön aus, wenn dein Körper von Würmern abgenagt wird, aber auf deine Seele passe ich auf, die bleibt schön." Das ist ja eigentlich das Wichtigste. Ich konnte noch nie was mit übertriebenen Schönheitsritualen anfangen. Meine Nägel sind immer schief, und ich bin trotzdem ganz glücklich, weil ich mein Glück nicht von der Optik meiner Nägel abhängig mache. Glück ist fragil. Eine Seele ist auch fragil, aber man sieht es nicht sofort. Weil man die Seele nicht sehen kann. Die ganzen Skeptiker meckern ja, dass genau das das Problem sei, weil etwas, das man nicht sehen kann, eben nur Spekulation ist. Ich finde das aber praktisch, weil es mir schon reicht, morgens überlegen zu müssen, welches T-Shirt am besten zur Hose passt. Wenn ich auch noch meine Seele einkleiden müsste – nein, danke. Das Leben ist auch so schon kompliziert genug.

Morgen ist Johannes' Beerdigung. Er wird hinter einer kleinen Dorfkirche begraben. Ich finde, einer wie Johannes müsste ein Staatsbegräbnis kriegen, weil er sich für etwas eingesetzt hat, das alle angeht. Mindestens aber schon deshalb, damit diese Scheißnazis nicht das letzte Wort haben.

„Wann geht es morgen los?", frage ich.

„Was?", fragt Jan zerstreut und ich entgegne genervt: „Die Beerdigung."

Jan hat die Gabe, alles Unangenehme auszublenden, wann immer er es will, und das macht mich wahnsinnig.

„Lasst die Toten ihre Toten begraben", murmelt Jesus, der auf dem Sofa liegt und in ein Kaleidoskop guckt. Keine Ahnung, wo er das jetzt wieder herhat.

„Was?"

Er räuspert sich. „Lasst die Toten ihre Toten begraben. Wir haben morgen etwas anderes vor."

„Heißt das, du willst nicht zur Beerdigung?"

„Warum sollte ich dahin?"

Mir fallen eine ganze Menge Gründe ein. Weil ich Johannes bewundert habe. Weil er der Grund ist, dass ich jetzt hier bin. Damit er nicht allein ist in seinem dunklen Sarg und auch, weil ich auf ihn aufpassen will.

„Zu spät", sagt Jesus, „das hättest du alles früher machen müssen."

„Ich weiß", fauche ich heftiger als gewollt, „ich hab's verbockt. Ist es das, was du mir sagen willst?"

Ich bin entsetzt über seine Härte.

„Nein", antwortet er ruhig. „Aber genau deshalb müssen wir zu den Lebenden. Die brauchen uns. Johannes braucht uns nicht mehr."

„Ich will mich aber verabschieden."

„Er ist bei Gott, Sophie. Du kannst nichts mehr für ihn tun. Wenn du dich an ihm festhältst, schleppst du einen Toten mit dir rum."

„Bist du denn kein bisschen traurig?"

„Ich bin traurig über die Umstände, die ihn getötet haben. Gegen die setze ich mein Leben. Aber traurig um Johannes? Nein. Ihm geht es gut."

„Woher willst du das wissen?"

Doch Jesus hat sich schon wieder in sein Kaleidoskop vertieft. Ich war noch nie so wütend auf ihn wie in diesem Moment.

Der nächste Tag kommt und Johannes wird in die Erde gelegt, ohne dass jemand von uns dabei ist.

Am nächsten Tag steht ein kurzer Artikel über die Beerdigung in der Zeitung. Es gab Regenbogenflaggen und Transparente gegen Nazis, während wir wieder am Kiosk bei den Tätowierten waren. Für die sind wir Zecken, daran wird auch Jans Geige nichts ändern.

7. September: Deutsches Gebäck

In der Zeitung ist eine Todesanzeige erschienen. Maria legt sie wortlos auf den Tisch. Das Chili dampft von den Tellern. Wir wollen gerade essen. Es ist keine Todesanzeige für Johannes. Jedenfalls nicht direkt. Sie gilt uns allen:

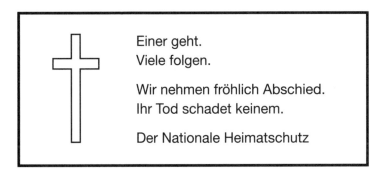

Maria guckt Jesus so vorwurfsvoll an, als sei er dafür verantwortlich. Wer der Nationale Heimatschutz sei, frage ich, obwohl ich mir das in etwa denken kann.

„Die sind gern gesehen hier", antwortet Maria. „Viele finden, die tun wenigstens was. Auch wenn sie das nicht laut sagen würden."

„Was tun die denn so?", fragt Jan belustigt, während er auf seiner Geige die ersten Töne von *Kein schöner Land in dieser Zeit* zupft.

„Die beschützen unsere Kinder vor den Roma."

Jans Melodie bricht ab. „Was tun die Roma denn?"

Maria zuckt mit den Schultern. „Man sagt, sie nehmen ihnen die Handys ab. Solche Sachen. Die vom Heimatschutz wollen für Recht und Ordnung sorgen. Und dann veranstalten sie Laternenumzüge. Julfeste. Letztes Jahr haben sie im Advent vorm Dönerladen Schweineohren verteilt. Weil das deutsches Gebäck sei." Jan kichert. Aber Maria guckt ihn böse an. „Das ist nicht lustig! Du kannst dir nicht vorstellen, wie die einen einschüchtern. Sie machen Hausbesuche. So nennen sie ihre Überfälle. Gegenüber haben sie Fenster eingeworfen, weil in der Wohnung zwei Männer leben, die angeblich schwul sind. Bei den Roma haben sie Kinderwagen angezündet. Ihr habt doch keine Ahnung, wie das hier ist! Ihr kommt her und wollt spielen! So wie der Johannes mit seinem Gefolge, in löchriger Kleidung und mit verfilztem Haar. Meint ihr, die Leute warten auf so welche? Wisst ihr, wie sie die nannten? Gesocks. So was geht vielleicht in Hamburg, aber doch nicht hier! Die Leute wollen ganz normal leben, die brauchen solche Besserwisser nicht. Die wollen nicht hören, wie man anders leben kann, die wollen keine Bevormundung mehr. Das haben sie lange genug gehabt. Wisst ihr überhaupt, in welcher Gefahr ihr seid? Die Braunen werden sich das nicht bieten lassen. Das hier ist ihr Territorium. Geht zurück, in der Stadt seid ihr besser aufgehoben!"

Ich habe Maria noch nie so aufgebracht erlebt. Ihr Atem geht stoßweise und ihre Schultern zittern. Max steht auf und nimmt sie in den Arm. Sie stehen eine Weile so, dann macht Maria sich los und geht.

Ich glaube, alle denken, Jesus müsste etwas sagen. Aber er nimmt seinen Löffel, schließt kurz die Augen und wünscht: „Gesegnete Mahlzeit." Dann taucht er den Löffel ins lauwarme Chili.

„Warum tust du das?" Richard ist es, der die Stille durchbricht.

„Warum tue ich was?"

„Warum lässt du sie einfach so gehen?"

„Weil sie uns zum Aufhören bewegen will."

„Sie macht sich Sorgen!"

„Sorgen sind eine scharfe Waffe."

Richard schüttelt den Kopf. „Mensch, Jesus, sie ist deine Mutter. Sie hat Angst!"

Jesus presst die Lippen aufeinander und schaut in sein Chili, als läge dort die Lösung. „Habt ihr es denn immer noch nicht begriffen?" Er flüstert fast. „In der Welt habt ihr Angst. Aber ich habe die Welt überwunden."

8. September: Alex trinkt warmes Bier und fühlt sein Herz

Heute bin ich wieder mit Max unterwegs. Wir haben uns einen Wohnblock am anderen Ende der Stadt vorgenommen. Einfach überall geklingelt, entschlossener als je zuvor.

Fünfmal hat jemand die Tür geöffnet, viermal durften wir rein. Die Sache mit Johannes steckt uns in den Knochen. Unsere Wut wächst, unser Mut aber auch. Wir reden mit den Leuten darüber. Was hier los ist. Warum die rechte Szene hier einfach so ihr Ding macht. Warum ein Fremder zu Tode kommt, sich aber kaum jemand empört. Warum die Stadt schweigt. Ein Herr Knoll hat uns in seinem Wohnzimmer warmes Bier aufgetischt und wiegelte ab. Rechte Szene, was das heißen würde. Man müsse die Leute doch auch verstehen hier. Sind doch alles Verlierer. Keine Arbeit. Mindestrente. Die jungen Frauen rübergemacht.

„Und dann kommen die Klugscheißer von überallher. Wissen alles besser. Und jetzt noch die Flüchtlinge. Übergangslager. Das ist doch hier kein Durchgangsbahnhof!"

Er kam so richtig in Fahrt. Dass man doch Heimat brauche und Ordnung. Dass wir ja auch von drüben kämen, aber er wäre bei dem großen Essen auf dem Marktplatz gewesen, und dieser Jesus – Hut ab. Und wir würden wenigstens nicht gleich wieder abhauen und betteln würden wir auch nicht.

Max hat auf den Couchtisch gehauen. Dabei stieß er sein Bier um. „Ihr könnt doch nicht so gleichgültig sein! Ein Mensch ist ermordet worden. Und die jungen Männer, von denen du sprichst, die hassen. Die hassen alles Fremde, und wenn du ihnen widersprichst, hassen sie auch dich. Das ist nicht normal!"

Herr Knoll hat geschwiegen. Er holte Max einen Lappen. Dann hat er angefangen zu erzählen. Wie er mit 17 in der Papierfabrik gearbeitet hatte. Mit 22 Verantwortung in der eigenen Brigade. Wende. Scheidung – und danke auch! Dreimal umgeschult, jetzt Fernfahrer. Scheißjob. Und dann die Spielschulden.

Max hat ihn zum Essen eingeladen. Die nächsten Tage, wann immer er mag, Friedensstraße 13.

Im Nieselregen gehen wir zurück in die Stadt. Max ist bedrückt. Er rennt, er läuft viel zu schnell für sein Alter.

„Gestern habe ich den Pastor getroffen. Wir haben ihm ganz schön zugesetzt. Auf diesen Jesus hätte ihn keiner vorbereitet. Und was ihm wirklich Sorge macht, ist das Kreiskirchenamt. Er ist vorgeladen worden von seinem Chef, dem Propst, wegen der Sache mit Johannes. Offiziell geht es um die Meldepflicht von Amtshandlungen an Nicht-Kirchenmitgliedern. Er hätte Johannes nicht einfach so beerdigen dürfen. Aber eigentlich geht es wohl um Jesus."

Wir laufen schweigend.

„Ich fühle mein Herz wieder und so etwas wie ein Gewissen", sage ich. „Jesus traut uns mehr zu, als wir uns selbst zutrauen. Ich weiß nicht, wo das alles hinführt. Ich habe keine Ahnung, was aus mir werden soll. Aber es ist nicht mehr alles nur ein großer Brei. Versteht du mich, Max?"

„Sehr gut, Alex, ich verstehe dich sehr gut."

8. September: Sophie stürzt ab

Einigeln ist ein schönes Wort. Ich möchte mich einigeln. Vielleicht weil es seit Tagen regnet. Zuhause habe ich mich aufs Bett gerollt, die flauschige graue Decke über mich gezogen, und dann war ich in Sicherheit. Seit Johannes' Tod ist alles anders. Ich habe versucht, mit Gott zu reden, aber er hat nicht geantwortet. Vielleicht igelt er sich auch ein. Richtig übel nehmen kann ich es ihm nicht.

„Die wollten das nicht", hat Frau Ebert gesagt, „das war ein Versehen!" Ich glaube, es sollte ein Trost sein. „Wie könnt ihr hier leben", rief ich, wütender, als Frau Ebert es verdient. „Mit solchen Leuten!" Ich habe sie verletzt. Sie brachte ein paar Zentimeter Abstand zwischen uns, und ich wusste, was sie denkt: Dass ich ihr nicht erzählen soll, wie die Welt funktioniert. Und dass ich ja keine Ahnung habe vom Leben hier. Und was ich hier eigentlich will.

Ich weiß es manchmal selbst nicht mehr. In Hamburg passierte jeden Tag etwas. Hier passiert nichts. Jesus hat Sachen gemacht, die wie ein Wunder waren, wir schwebten von einem Hochgefühl ins nächste. Hier stürzen wir ab.

9. September: Frau Beitel springt über Mauern

Es gibt hier eine Kirchengemeinde, von der wir bisher überhaupt nichts mitbekommen haben. Eine Frau Beitel hat sich bei uns gemeldet, sie stand gestern Abend einfach unten an der Tür.

Sie sagte, dass sie vom Kirchengemeinderat kommt. Die kleine Dorfkirche, in der Johannes begraben wurde, gehöre zum Pfarrbereich. Ob wir nicht wenigstens mal zu einer Sitzung kommen wollten? Der Pastor würde sich sehr freuen. Vielleicht könnte man auch eine kleine Andacht feiern?

Wir haben Jesus geholt, er hat gesagt: „Okay, dann mal los."

Frau Beitel hat einen Schreck bekommen. „Ach so, na ja, nicht jetzt sofort", das müsse man doch vorbereiten. „Aha, vorbereiten", meinte Jesus, „dann kommen wir eben morgen Abend." Sie würde nachfragen, meinte sie, bei den anderen im Kirchengemeinderat und dem Pastor, aber warum eigentlich nicht.

Jetzt sitzen wir hier, Edith, Max, Rafael, Sophie, Jesus und ich. An der anderen Tischseite sieben Kirchenmenschen und der Pastor, er ist mit seinen Anfang 60 der Jüngste. Mich erinnert das hier an die erste Tanzstunde in der elften Klasse. Das Ganze ist mir peinlich. Wir trinken Tee, leider gibt's nichts Richtiges zu essen, mir knurrt der Magen. Der Pastor erzählt über dies und das, Bauarbeiten am Kirchturm, die Probleme hier, kaum noch Taufen, dafür viele Zukunftswerkstätten, man müsse sich ja öffnen, ändern, die Tradition aber doch auch bewahren. „Warum aber", platzt es aus ihm heraus, „ist keiner von euch bei der Beerdigung gewesen?" Selbst von Johannes' Leuten wäre keiner da gewesen, niemand hätte vorher mit ihm sprechen wollen. Dabei hätte er seine Befugnisse wirklich ausgereizt, weil Johannes gar nicht zur Kirche gehörte und nirgendwo gemeldet war.

Alle schauen auf Jesus. Jesus hat Krümel an der Lippe, von den Keksen auf dem Tisch, die er alle alleine aufgegessen hat.

„Wozu brauchst du ein Gespräch? Du hast einen Toten begraben. Eine leere Hülle. Der Geist ist über alle Berge. Hin und weg."

Frau Beitel schaut auf den Pastor und räuspert sich. „Herr Jesus, wir sind ja nicht dumm, Körper und Seele, das wissen wir schon, aber wir müssen doch unsere Toten anständig verabschieden. Sie auf den Weg schicken. *Ich bin die Auferstehung und das Leben* – so steht es doch geschrieben!"

„Mein Vater ist ein Gott der Lebenden. Abraham, Isaak, Moses, Johannes, sie sind alle nicht totzukriegen. Auf einem Friedhof habe ich noch keinen Auferstandenen gesehen. Du?"

Frau Beitel wird rot. Der Pastor gießt Tee nach. Ich frage mich, warum Jesus so harsch sein muss. Er ist das immer öfter in letzter Zeit. Dieses Geduldige, Sanfte, das mich so beeindruckt hat, wo ist es hin? Ist das seine Art zu trauern?

Jesus guckt mich an. Sein Blick besänftigt mich.

„Schaut doch nicht in die Erde, schaut in den Himmel. Lauter Engel, lauter Gesang! Eure Mütter und Väter, ein Chor der Aufständigen, hört ihr sie nicht?"

Dann fängt Jesus an zu singen. Ohne jegliche Scham. *„Mine is the sunlight, mine is the morning, born of the one light, Eden saw play, praise with elation, praise every morning, God's recreation of the new day."*

Cat Stevens, denke ich, nicht schlecht. Ich staune, als der Pastor Gesangbücher rumgibt, er sagt leise: „Morgenlicht leuchtet, Nummer 455", Frau Beitel summt die Melodie mit. Der Kirchengemeinderat übernimmt. *„Morgenlicht leuchtet, rein wie am Anfang…"* Jetzt summt Jesus mit, er schließt dabei die Augen. Singen können die, denke ich, sogar zweistimmig.

„Und was macht ihr sonst so als Kirchengemeinde", fragt Jesus nach dem letzten Ton, „außer singen, Kirchtürme sanieren und Johannes begraben?"

Der Pastor erzählt von der diakonischen Ausrichtung der Gemeinde, von der Verkündigung des Evangeliums und der Verwaltung der Sakramente, von Protokollen, kaputten Wasserhähnen und der kirchenaufsichtlichen Genehmigungspflicht der neuen Friedhofssatzung.

„Wenn die Leute nicht mehr zu euch kommen", unterbricht ihn Jesus, „warum besucht ihr sie nicht? Warum schreibt ihr keine SMS? Warum wissen die Leute so wenig von Gott? Sollen sie alle ungetröstet sterben, ohne jede Hoffnung?"

Jesus seufzt. Der Pastor seufzt. Max seufzt am lautesten.

„Aber was sollen wir denen denn sagen?", fragt Frau Beitel leise, und sie guckt erst Jesus und dann den Pastor an. „Die sind doch blind und taub, wenn es um Kirche geht. 40 Jahre DDR, das geht nicht so schnell aus der Wäsche. Sie haben Gott vergessen und dann selbst das vergessen. Sogar meine Töchter lassen ihre Kinder nicht taufen." Eine Träne läuft ihr über die Wange. Jesus hält ihrem Blick stand. „Was ist dir wichtig? Was willst du deinen Enkeln weitergeben? Ihr habt doch von der Tradition gesprochen, die ihr bewahren wollt."

„*Mit meinem Gott kann ich über Mauern springen.* Mein Konfirmationsspruch."

„Na also", sagt Jesus. „Und ihr? Was ist euch wichtig?"

„Mir ist der Segen wichtig", sagt der Pastor. „*Gott lasse sein Angesicht leuchten über dir.* Dass Gott bei uns ist, bei allen, egal was wir angestellt haben." Er überlegt. „Dass es gut wird, dass vieles besser wird, wenn wir uns an ihn halten. Auch wenn alle Stricke reißen, lässt Gott mich nicht los."

„Wow!", sagt Sophie. Sie schreibt die ganze Zeit schon mit, macht Skizzen, malt Strichmännchen. Ich denke daran, wie sie mir vor ein paar Wochen von ihrem Job als Werbetexterin erzählt hat. Das geht wohl auch nicht aus der Wäsche.

Sie liest vor: „Mit meinem Gott kann ich über Mauern springen. Willst du mit? Ruf mich an. Deine Frau Beitel, Kirche Lichterow."

„Sie meinen, wir sollen Briefe schreiben?", fragt Frau Beitel. Die Idee scheint ihr zu gefallen. „Wir könnten das auf buntes Papier kopieren und meine Tochter gestaltet das mit dem Computer. Und beim nächsten Gottesdienst..."

Jesus steht auf. „Jetzt. Sofort. Schreiben und in die Briefkästen werfen. Die Nacht öffnet die Seelen."

„Und nicht auf buntes Papier", sagt Sophie bestimmt, „ganz schlicht, handgeschrieben, wir wollen doch nichts verkaufen."

Frau Beitel verteilt Kugelschreiber.

10. September: Dessous und Tiramisu

Gestern in diesem fürchterlichem Gemeindehaus, da war ich wach. Für einen Moment war das alte Gefühl wieder da. Ja, dachte ich, darum bin ich hier. Aber hinterher hörte ich zwei von denen reden, während ich auf dem Klo saß. Dass sie doch ein bisschen mehr erwartet hätten. Dass sie auf die Sache mit den Briefen auch selbst gekommen wären. Dass Jesus sich für ihren Geschmack ein bisschen zu sehr aufgespielt hätte, schließlich sei er doch einfach nur der Sohn von Maria. Und studiert habe er auch nicht. Ich zog so wütend die Spülung, dass ich fast die Kette in der Hand hielt. Was für Heuchler! Aber als wir uns dann verabschiedeten, nahm mich eine von ihnen beiseite und lud mich ein. Mich und Edith. „Wir Frauen müssen doch zusammenhalten", sagte sie und zwinkerte dabei. Ich wollte nicht. Aber Edith bestimmte: „Natürlich gehen wir." Das sei ein Angebot dazuzugehören.

Also sind wir jetzt hier. Um elf Uhr vormittags sitzen wir zusammen mit sechs anderen Frauen in Hellas Wohnzimmer. Sie schenkt uns Prosecco ein, den alle Prosetscho nennen oder Blubberwasser. Dabei kichern sie. Es geht zu wie auf einer Klassenfahrt. Edith ruft „Prost" und lacht. Ich finde, hier gibt's nichts zum Lachen, insbesondere nicht, als ich langsam kapiere, dass das hier kein Brunch ist, sondern eine Dessousparty. Eine Dessousparty ist wie eine Tupperparty, nur nackter. Wir sitzen auf Hellas Kunstledercouch und warten darauf, dass eine Yvonne ihre mitgebrachte Adidastasche öffnet. Yvonne ist eine blonde Mitdreißigerin und trägt einen violetten String. Ich dachte, Strings seien in den Neunzigern ausgestorben, aber als ich das sage, lacht niemand, und ich beschließe, besser den Mund zu halten. Ob ich eigentlich einen Freund habe, fragt Tanja. Weil hier ausnahmslos alle verheiratet sind, denke ich an Jan und sage „Ja". Die haben auch alle Kinder, Hella zum Beispiel hat drei. Jetzt sind sie in der Kita, weswegen diese Party auch vormittags stattfindet. Zu einer Zeit, in der ich in meinem vorherigen Leben bereits das erste Meeting beendet hatte. Keine der Frauen arbeitet. Mich wundert das. Ich dachte, in der DDR hätten alle Frauen gearbeitet. Als ich das anspreche, sieht mich eine sehr junge Frau mitleidig an: „Mit fünf Kindern?" Mir fallen fast die Augen aus dem Kopf. Wann hat sie angefangen? Mit 16? Später erfahre ich, dass sie Jule heißt und auf einem Biohof lebt.

Aber zunächst hält mir Yvonne ein türkisfarbenes Etwas vor den Bauch und dann fasst sie an meinen Busen, knetet ihn zweimal und sagt fachmännisch: „75 B. Nicht die Wucht, aber mach dir nichts draus. Da kann man nachhelfen." Ärgerlicherweise werde ich rot. Ich soll das türkise Ding anziehen. „Nicht nötig", winke ich ab, aber die anderen haben sich schon fröhlich auf die übrigen Zimmer verteilt und zeigen ganz ungeniert ihre ausgeleierten Schlüpfer. Inklusive Edith, der das hier alles nichts auszumachen scheint. Das geht eine ganze Stunde so, bis jede mindestens fünf Dessous ergattert hat. Die Wangen leuchten vom Prosecco und ich denke, jetzt können wir mal gehen, aber da geht es erst richtig los. Es gibt Fondue – zum Mittag! –, das machen sie immer so. Ich setze mich also brav an den Couchtisch und tauche mein Stück Schwein in das brutzelnde Fett. Dabei erfahre ich, dass der Mann von Gudrun keinen mehr hochkriegt, außer wenn sie ihm die Augen verbindet, was ich genau genommen nicht so nett finde. Aber Gudrun scheint das als naturgegeben hinzunehmen. „Drei Kinder", sagt sie, „reichen auch." Das Gespräch wendet sich den Kindern zu.

„Der Leni haben sie das Handy geklaut", sagt eine blaube rockte Frau, deren Namen ich mir nicht gemerkt habe. „Der Martin hat hastenichtgesehen seine Jungs zusammengetrommelt und ist rüber zu den Roma. Musst du denen sofort zeigen, dass das so nicht läuft." Beifälliges Gemurmel. „Kanacken sind das!" „Kriegen Hartzvier und fahren Mercedes. Habt ihr euch mal gefragt, wie das geht?" Sie blickt wissend in die Runde. „Weil die Frauen anschaffen gehen. Weiß ich aus sicherer Quelle. Bei unseren Männern!" Irgendwie läuft das Gespräch aus dem Ruder. Edith wirft ein: „Na, dann liegt's doch auch an euren Männern!" Plötzlich ist es ganz still. „Auf welcher Seite stehst du eigentlich?" Es klingt sehr feindselig. „Nu lasst doch die Edith", beschwichtigt Hella und drückt ihre Schulter. „Die blickt doch noch gar nicht durch hier!" Und auf einmal reden alle wieder über die Kita und wie man Tiramisutorte macht und dass fürs Erntefest noch Laternen gebraucht werden.

später

Dieser sonderbare Vormittag geht mir nach. Was ist denn das bitte für eine absurde Mischung? Brave Kirchenfrauen, die in Dessous Ausländer hetzen. Diese Jule hat uns auf ihren Hof eingeladen. Zum Erntefest, das feiern die immer ganz groß, mit Lagerfeuer und Tanz und allem drum und dran. „Klar", hat Edith gesagt, „wir kommen gern!" Als ich Jesus von allem erzähle, sagt er nur: „Gut." Ich weiß nicht, was er an Dessous am Vormittag gut findet, aber er streicht mir über die Schulter und geht. Keine Ahnung, wohin. Ich bin enttäuscht und auch ein bisschen wütend. Wieso lässt er mich einfach so stehen? Manchmal ist er sonderbar und seit Johannes' Tod noch mehr. Ich glaube, es beschäftigt ihn stärker, als er zugibt. Er scheint mit seinen Gedanken oft weit weg. Letztens zum Beispiel saß er eine ganze Weile am Fenster und plötzlich fragte er: „Wofür halten mich die Leute eigentlich?" Rahel antwortete mit dem Brustton innigster Überzeugung: „Für Prophet. Aber haben Angst, die Leute. Prophet hat Macht. Ist gut für sie, aber sie wissen nicht, dass es gut für sie."

Keiner wusste was hinzuzufügen. Also war es still. In die Stille hinein fragte Jesus: „Und ihr? Wofür haltet ihr mich?"

„Für Erlöser", antwortete Rahel wieder, „mein Erlöser."

Niemand auf der Welt hätte das mit mehr Innigkeit sagen können. Es war wie eine Liebeserklärung. Und bevor wir kapierten, was geschah, holte sie ein Fläschchen hervor, öffnete es und goß etwas, das wie Öl aussah, in ihre Hand. Der ganze Raum roch auf einmal nach Rosen. Sie strich mit einer zärtlichen Geste das Öl in sein Gesicht. Jesus hatte die Augen geschlossen. Ich hielt den Atem an. So nah war Jesus noch niemandem von uns gewesen. Ich dachte, er muss jetzt was tun, irgendwie die Situation in die Hand nehmen, aber er tat nichts. Er ließ es einfach geschehen und genoss, wie Rahel sein Gesicht streichelte.

„Was ist das für ein Öl?" Julia durchbrach die Stille und ich war dankbar. Aber Rahel antwortete nicht. Sie machte weiter, als hätte sie Julia gar nicht gehört. Wir waren irgendwie ausgeschlossen.

„Komm", sagte Richard, „das reicht jetzt, lass ihn."

Da öffnete Jesus die Augen. „Lass sie. Sie tut es für mich."

Und ich fragte mich, ob es vielleicht das erste Mal war, dass einer von uns was für ihn tut. Und nicht er etwas für uns.

12. September: Jesus steht auf einem Bein

Wir frühstücken. Brot, Marmelade und Kaffee. Wir bekommen am Abend immer die Reste von unserem Bienenstichbäcker, die Marmelade ist von Maria selbst eingekocht, der Kaffee ist unser einziger Luxus, weil wir ihn bezahlen müssen. Unsere Kasse ist stabil auf niedrigem Niveau. Seitdem wir als Jesusbewegung durch die Presse gehen, kommen wieder mehr Spenden rein. Rafael ist unsere Sparkasse. Er sagt, es muss immer eine Rücklage von 500 Euro geben, die Miete für einen Monat im Voraus und eine Reserve für den *worst case*. Jesus hat es nicht so mit dem Geld. Wenn er mal was hat, woher und warum auch immer, verschenkt er es sofort. Ob der Beschenkte es wirklich braucht, interessiert ihn null.

Ein Mann kommt rein, so Anfang vierzig. Anzug, gelber Schlips, Laptoptasche. Er schwitzt fürchterlich. Seitdem wir die Türen auflassen, weil Edith die Klingelei so nervt, ist das hier ein mittelgroßer Durchgangsbahnhof. Ein paar Leute nutzen unsere Dusche, von unseren Touren bringen wir hin und wieder Gäste mit, der Pastor war auch schon da. Es war ziemlich putzig, er hatte Blumen mit, die Jesus theatralisch aus dem Fenster warf, „dorthin, wo sie hingehören", dann haben sie sich zurückgezogen. Sie haben gebetet.

Der Anzugmann fragt nach Jesus, irgendjemand sagt, der schlafe bestimmt, aber Jesus kommt aus dem hinteren Zimmer, er hat nur eine Hose an: „Hallo, was kann ich für dich tun?"

Der Anzugmann erzählt, dass er Versicherungen verkaufe, ziemlich erfolgreich, dass er damals auf dem Marktplatz gewesen wäre, rein zufällig, und dass er glücklich werden wolle. Weil es so nicht weitergehen könne, 90 000 Kilometer im Jahr durch den gesamten Nordosten Deutschlands juckeln, seine Frau weggelaufen, er selber kaputt, einfach nur leer. Das mit dem Heilwerden, das gehe ihm nicht mehr aus dem Kopf.

„Ich will euch unterstützen", sagt der Mann mit fester Stimme. „Ich kenne wichtige Leute. Aber sag mir, Jesus, was muss ich tun? Wie geht das mit Gottes Welt, von der du immer redest?"

Jesus steht auf einem Bein, mit dem anderen Fuß kratzt er sich die Wade. Er schaut den Mann an, mitleidig, beinahe sanft, kramt in seiner Hosentasche und zieht einen orangenen Luftballon heraus.

„In Gottes Welt braucht keiner eine Versicherung." Jesus bläst den Luftballon aus, streckt ihn dem Mann hin, aber ehe der zugreifen kann, lässt er ihn los. Pfffffh – das orangene Gummi klatscht an die Wand.

„Such dir einen neuen Job. Wer mit Gott leben will, der tötet nicht und lügt nicht und stiehlt nicht. In großer Freiheit, verstehst du? Du bist schon drin in Gottes Welt, wenn du deinen Nachbarn oder deinen Kunden oder deine Exfrau genauso liebst, wie du dich selbst liebst."

Der Mann will was sagen, atmet dann durch die Nase aus. Er setzt noch einmal an, lässt es aber wieder bleiben.

„Sich selbst lieben ist nicht einfach, stimmt's? Fang damit an. Und wenn du einmal dabei bist, gib weg, was du hast. Wir brauchen dein Geld nicht, dir wird aber was einfallen, du kennst ja die Welt. Und dann komm zu uns. Eine Isomatte reicht."

Der Mann guckt traurig aus seinem schweißnassen Anzug. Er nestelt ein Portemonnaie heraus, lächelt hilflos über sich, hält inne, steckt es wieder ein. Er nickt und geht.

„Wir warten auf dich", ruft Jesus ihm hinterher. „Der Arme. Aber er kann sich selber helfen. Wisst ihr, es ist wahrscheinlicher, dass ein Kamel durch ein Nadelöhr geht, als dass ein Geschäftsmann sein bares Haupt in Gottes Schoß legt."

Jesus hebt den Luftballon auf, bläst ihn auf und lässt ihn noch einmal mit Pupsgeräusch durchs Zimmer fliegen.

13. September: Sophie ist nicht allein

Seit der Party ziehen uns alle mit den Dessous auf. Edith hat ihrs gleich vorgeführt, ein scheußliches lila Ding mit Sternchen am Hintern. Die anderen johlen, als sie damit herumstolziert, und auch ich finde es plötzlich ziemlich komisch.

Trotzdem bin ich froh, dass ich das nicht brauche. Ich will nicht sein wie die in ihren furnierten Wohnungen. Mein größter Triumph soll nicht sein, es bis zur Silberhochzeit auszuhalten und drei Kinder mit Sommersprossen geboren zu haben.

Ich will keine Familie. Und das verunsichert mich. Denn eine Familie zu haben ist das Normale. Ohne Familie gäbe es mich nicht, und ich bin doch sehr froh, dass es mich gibt. Allerdings bin ich auch ganz froh, dass es meinen Zahnarzt gibt und dass ein Klempner meine Waschmaschine repariert. Trotzdem möchte ich weder Arzt noch Handwerker sein.

Jesus hat auch keine Kinder. Nicht mal eine Frau. Das irritiert die Leute, und ehrlich gesagt, mich irritiert es auch. Wenn einer für sich ist und trotzdem kein Sonderling, der mit seinem Papagei frühstückt und nachts die Wäscheklammern sortiert, dann macht das Angst. Weil es für die meisten eine beklemmende Vorstellung ist, allein und trotzdem glücklich zu sein.

Von Alleinsein kann in unserem Fall ja aber definitiv nicht die Rede sein. Hier geht es zu wie auf dem Fischmarkt. Ich bräuchte auf Dauer definitiv mehr Zeit für mich. Weil meine Gedanken Ruhe brauchen, um sich zu setzen. Cowboykaffee ist auch ungenießbar, wenn man ständig drin herumrührt. Dann hat man den Prütt zwischen den Zähnen und ist genervt. So ist es auch mit den Gedanken. Wenn sie keine Zeit haben, tiefer zu sinken, schwirren sie um einen herum und sind zu nichts nütze.

Alex hat mit Jesus über seine Familie geredet. Ich glaube, die Zerrissenheit nimmt ihn ziemlich mit. Jesus dagegen sah die Sache ziemlich pragmatisch: Es gäbe Menschen, die sind für eine Familie gemacht. Andere nicht. Und manche widmen ihr Leben und ihre Liebe etwas anderem. Wir haben genau zugehört. Ich glaube, das ist ja auch unser aller Thema hier: Für wen oder was will ich leben?

18. September: Deutsche Bananen

Solche Schweine habe ich noch nie gesehen. Sie sind gescheckt und ihr Fell ist lang. „Eine alte Rasse", erklärt Jule. „Gab's schon im Mittelalter. Die waren fast ausgestorben, weil ihre Gene immer wieder vermischt wurden. Hat keinen interessiert, weil Schweine schnell wachsen und viel Fleisch geben sollen. Diese brauchen Zeit. Dafür schmecken die… du wirst sehen!"

Jans Augen leuchten. Er scheint sich für Zucht und Rasse und all das Gedöns zu interessieren. „Ihr habt es wirklich toll hier..." Jule nickt. „Wir richten uns nach der Natur. In allem. Sie ist unsere beste Lehrerin." Ein blonder Kerl in Zimmermannskluft kommt dazu. Er trägt ein weißes Hemd. Zwei kleine Mädchen hängen an seinen Händen. „Na, Schatz, schon fein gemacht?", frotzelt Jule. „Das ist Wolfram, mein Mann. Und das da, das sind Freya und Inge. Sagt guten Tag." „Guten Tag", antworten die beiden im Chor. Ihre Zöpfe sind geflochten und wackeln, wenn sie reden. „Du solltest dich jetzt umziehen", sagt Wolfram. „Fühlt euch wie zu Hause!"

Ich fühle mich eher wie in Bullerbü. Alles ist so adrett. Überall wehen Fahnen. Sonnenblumen stehen auf den Tischen. Es gibt Apfelsaft aus der eigenen Mosterei. Über dem Feuer brutzelt ein Schwein. Nach und nach trudeln die Gäste ein. Ich erkenne ein paar Leute aus der Gemeinde wieder, Hella stellt sich zu mir, mustert Jan und drückt verschwörerisch meinen Arm. „Na, hat's gewirkt..?" Die blöden Dessous werde ich wohl nicht mehr los.

Jan steht mit Wolfram am Grill und kippt Schwarzbier über das Schwein. „Der macht sich gut", nickt Hella anerkennend.

Ein Tusch ertönt. „Liebe Gäste", ruft Jule, „als Hausmutter begrüße ich euch herzlich auf unserem Hof. Mutter Erde hat uns auch in diesem Jahr reich beschenkt. Unsere Ahnen haben die Scholle gepflügt. Wir bewahren ihr Erbe!" „Heil!", rufen alle und ich zucke zusammen, weil ich an den

Marktplatz denke, aber dieses Heil klingt wie ein Befehl. Dann wird ein Strohkranz emporgezogen. In der Mitte prangen zwei merkwürdige Zeichen. „Das sind Runen", flüstert Hella. „Sie stehen für das Leben und den Tod." Alle heben die Gläser, rufen nochmal „Heil!" und trinken. Außer Apfelsaft gibt es Schwarzbier. „Hör mal", flüstere ich Jan zu, „ich will lieber nach Hause." „Quatsch!", ruft er entgeistert. „Ist doch toll hier! Die machen dasselbe wie wir!"

Mir ist schlecht. Das Schwein wird zerteilt. Kartoffeln kommen auf den Tisch, dazu Bohnensalat. Kinder toben auf der Wiese. Mir fällt auf, dass alle Mädchen Röcke tragen. Ich sehe mich um. Tatsächlich. Auch die Frauen tragen Röcke oder Kleider. Ich frage Hella, was das soll. Sie sieht mich überrascht an. „Aber Liebchen, was das soll? Wir sind Frauen! Da kannst du ja genauso fragen, warum wir Brüste tragen!" Sie senkt die Stimme. „Nicht bös sein, aber du könntest dich auch mal ein bisschen hübsch machen. Das liegt doch in unserer Natur."

„Unsere Natur ist es, Röcke zu tragen?"

„Warte ab, bis du Mama bist. Dann weißt du, was ich meine."

Ich verstehe nicht, wie Röcke und Kinder zusammenhängen, und will gerade den Mund aufmachen, da sehe ich Nick. Seine Dreadlocks leuchten rot und passen hier in etwa so gut hin wie ein Alien. Er gehört zu den Leuten von Johannes, und ich freue mich wahnsinnig, ihn zu sehen. Endlich ein Normaler.

„Nick", rufe ich, noch bevor ich mich frage, warum er hier ist. Da sehe ich auch die anderen. Sie halten etwas Gelbes in den Händen und werfen... Bananen! Ihre Rucksäcke sind voll davon.

„Deutsche, esst nur deutsche Bananen!", schreien sie.

Ich muss lachen. Aber dann geht alles sehr schnell. Ein paar stiernackige Kerle tauchen auf und ich erkenne zwei von der Tankstelle wieder. Sie drängen Nick und die anderen zum Tor. Ich springe auf. Die anderen auch, aber nicht um zu protestieren. „Raus, ihr Asozialen", brüllen sie. Ein Stiernacken nimmt Nick in den Schwitzkasten. Ich denke an Johannes und werde panisch.

„Lasst ihn", schreie ich, „lasst ihn los!"

Plötzlich ist der Spuk vorbei. Die Band beginnt zu spielen. Alle feiern, als sei nichts geschehen. Ich suche Jan.

„Wir gehen", sage ich, und diesmal lasse ich keinen Widerspruch zu.

19. September: Feuer!

Verdammte Scheiße, was war das? Ich springe von meiner Matte hoch, sehe Rafael ins Wohnzimmer taumeln, Max stöhnt auf, ich habe ihn getreten. Es stinkt und qualmt, die Scherben einer Bierflasche liegen auf dem Boden. Rafael schlägt mit einem Handtuch auf das Feuer ein, der Teppich, den uns Frau Ebert vor ein paar Wochen gebracht hat, steht in Flammen. Es stinkt bestialisch.

„Verdammt, ein Molli", schreit Rafael, „ich hab's gleich".

Auch Jan drischt mit einem alten Kopfkissen auf das Feuer ein. Sophie reißt das Fenster auf, die Balkontür stand sowieso offen. Wir stehen im Nebel. Ich weiß nicht, ob wir vollzählig sind, alle sprechen durcheinander.

Ob jemandem was passiert ist, will ich wissen. „Jesus", rufe ich, „Jesus, bist du da?"

Ich komme mir blöd vor, das klingt, als ob ich nach meiner Mutter rufen würde. Mama, Mama, mit 39 Jahren. Aber keiner antwortet, Edith sagt, der schläft bestimmt noch.

Der Dunst verzieht sich langsam. Wir setzen uns auf den Boden. Rafael hat den verkokelten Teppich über die Balkonbrüstung geworfen, Edith fegt die Scherben zusammen, eine Packung Zwieback macht die Runde.

„Ein Molotowcocktail, damit kannst du so ein Haus in Brand setzen, wenn alles funktioniert", sagt Jan. „Offene Balkontür, perfekte Voraussetzung." „Ein bisschen Stoff, Benzin, Glasflasche – peng!", ergänzt Rafael.

„Zweiter Stock, kein Problem, wenn man geübt ist", antwortet Jan.

Warum wissen die beiden so gut Bescheid? Alles, was ich über Mollis weiß, ist, dass damit Ausländerunterkünfte in Brand gesetzt werden. Von den Rechten. Und dass in Hamburg und Berlin am 1. Mai die Linksextremen und die Partyguerilla damit Polizisten bewerfen.

Max räuspert sich. „Ich habe ihnen damals die Adresse gesagt, erinnert ihr euch?"

Sophie sitzt neben ihm, sie legt ihre Hand auf seinen Rücken. „Jeder weiß, wo wir wohnen, Max. Und wenn nicht, dann fragt er nach oder googelt uns."

„Das hätte schlimm ausgehen können." Edith schüttelt sich. Wir schweigen.

„Ist es aber nicht", sagt Jan nach einer halben Ewigkeit. „Zum Glück."

„Jesus hat vom Heilwerden gesprochen. Und jetzt geht alles kaputt. Erträgt die Welt keinen Frieden? Nicht mal so ein bisschen?" Christina hat Tränen in den Augen. Sie beißt wütend in einen Zwieback. „Diese Arschlöcher!"

Jesus kommt ins Zimmer. Er hat eine Kanne Tee in der Hand. „Wir sind angekommen. Und wir werden ernst genommen. Habt ihr die Polizei gerufen?"

Keiner sagt was. Ich fasse es nicht. Auf das Naheliegende sind wir nicht gekommen. Als ob das hier der Wilde Westen wäre. Ich will aufstehen und mein Telefon suchen, aber Jan ist schneller.

„Das wird nicht viel nützen", sagt Rafael.

„Das wird überhaupt nichts nützen", entgegnet Jesus, „aber wir werden uns nicht verstecken. Gotteskinder müssen sich vor nichts und niemandem verstecken."

Jesus sieht mitgenommen aus. Aber er lächelt, so ein klein wenig.

„Vor allem nicht vor der eigenen Angst."

später

Die Polizei ist da. Ein Dickbauch und ein Schlacks. Eigentlich sind sie sehr nett. Aber sie wundern sich, wie wir hier hausen. Sie würden wohl das Jugendamt rufen, wenn wir nicht volljährig wären. Sie befragen uns der Reihe nach. Bevor ich dran bin, brechen sie ab. Der Tathergang wäre ja klar. Anzeige gegen unbekannt. Und ob es hier so etwas wie einen Verantwortlichen gebe. Ich sage, dass wir alle selbst verantwortlich sind. Sie lachen. Ja, ja, aber es gäbe doch hier diesen Jesus. Ich sage, natürlich gibt es hier diesen Jesus. Warum bin ich so gereizt? Und warum sichern die keine Spuren, so wie beim *Tatort*?

Es stellt sich heraus, dass der Dickbauch mit Jesus zusammen in der Schule war. „Detlef", sagt Jesus und lächelt, „du hast dich überhaupt nicht verändert."

„Und du bist jetzt also berühmt. Das Landeskriminalamt in Schwerin hat sich schon gemeldet, die werden auch kommen. Der Anschlag hat sich schneller rumgesprochen, als wir das weitergeben konnten. Normalerweise kümmert sich da niemand groß drum. Obwohl, der letzte ist schon wieder ein Jahr her. Damals haben sie eine Wohnung bei dieser Romasippe angezündet."

„Der Zorn der Ängstlichen trifft immer die Schwächsten", sagt Jesus.

Polizist Detlef hebt die Augenbraue. „Anzeige gegen unbekannt."

„Gegen unbekannt? Ihr kennt doch eure Leute, Detlef, du wohnst seit 34 Jahren hier. Und dein Vater, General Jürgens, wusste damals schon alles über alle." Jesus' Ton ist schärfer geworden. Er blickt Detlef in die Augen. Aber Detlef guckt schnell nach unten.

„Wir brauchen Beweise. Und du warst lange weg. Es hat sich vieles geändert. Daran ändert auch euer Sommertheater hier nichts."

Jesus ist wütend. Seine Halsadern sind angeschwollen. Er atmet tief ein. Und aus. Dreimal. Dann setzt er sich auf den Boden.

„Diese Welt hat nicht das letzte Wort. Manches wird zu Ende gehen. Anderes wird zerstört werden. Aber Gott macht alles neu. Vergesst das nicht. Wer sich an sein Leben klammert, der wird es verlieren."

Detlef räuspert sich, er fingert an seinem Block herum.

„Das gilt auch für dich", sagt Jesus ihm ins Gesicht. „Das kannst du gern zu Protokoll nehmen."

20. September: Alex schreibt eine Mail

Liebe Marion,
es geht hier drunter und drüber. Vor allem bei mir. Du hast sicher von dem Anschlag gehört. War alles nicht so schlimm, aber wir hatten große Angst. Auch Jesus ist erschreckt. Obwohl man bei ihm nie so genau weiß. Viel beunruhigender ist aber so eine Art Landliebe-Nazi-Sippschaft, in die wir hineingeraten sind. Viele hier im Ort haben damit irgendetwas zu tun. Aber mach dir bitte nicht zu viele Sorgen. Wir haben mittlerweile eine große Aufmerksamkeit von den Medien, du musst nur mal googeln, außerdem viele Unterstützer. Das schützt uns.

Ich habe Jesus vorgestern gefragt, wie das ist mit Familie, mit echten Lebensentscheidungen, mit uns. Er meint, manche Leute leben eben allein, andere mit der Familie, am wichtigsten aber wäre es, dass man alle Dinge in Liebe tue. Das klingt so einfach. Ist es aber nicht. Man kann auch in der Liebe ersaufen. Sind wir ersoffen in unserer Gewohnheitsliebe, Marion? Worum hat sich unser Leben gedreht? Worum noch als nur um uns selbst? Jesus meint, wir wären Gotteskinder. Wenn wir Gott in unser Leben ließen. Wenn wir ihn mitmachen lassen würden. Das hat er so beiläufig gesagt, mich hat das erst erschreckt, jetzt tröstet es mich. Das verbindet doch wahnsinnig. In unserer WG hier klappt das, wir sind alle total unterschiedlich, aber trotzdem sind wir wie Geschwister.

Ich hab mich schon oft gefragt, was wir eigentlich sind, Bürger oder Menschen oder Leute, und du hast immer gelacht. Aber Gotteskinder passt gut, auch wenn es nach Kindergarten klingt.

Es wird sich einiges entscheiden jetzt, ich melde mich wieder, geh doch bitte auch mal ans Telefon!

Ich liebe dich, küss Otto,
Alex

21. September: Unten am Fluss

Es ist halb sieben. Die Tür fällt ins Schloss. Draußen dämmert es. Ich schäle mich aus dem Schlafsack, ziehe Jeans und Pullover über und schleiche mich raus. Es ist still. Ich sehe Jesus gerade noch um die Ecke biegen. Er geht runter zum Elbufer. Ein Schleier liegt über dem Wasser. Jesus setzt sich auf einen Stein, das Gras drum herum ist platt getreten. Er macht das oft. Geht weg, erklärt sich nicht und irgendwann taucht er wieder auf. Ich beobachte ihn eine Weile. Ich glaube, seine Augen sind nicht geschlossen. Er sitzt einfach da. Als ob er alles aufnimmt. Die ganze Welt. Ich kann nicht aufhören zu gucken, so sehr berührt mich dieses Bild. Ich kenne Menschen, die sind wie Jesus für andere da, aber sie sind es auf eine so demonstrative Weise. Ein vorwurfsvoller Unterton schwingt in ihrem Tun, wie eine überfürsorgliche Mutter, die sagt: Das tue ich alles nur für euch, und sie tut es doch für sich. So ist Jesus nicht. Man könnte sagen: Er ist in allem ganz. Ganz da, wenn er redet, isst, lacht, wenn er wütend ist, sich ereifert, selbst wenn er müde ist, scheint er ganz in der Müdigkeit zu sein. Und wenn er weggeht, dann geht er ganz. Er zieht sich ganz zurück, nie ein bisschen. Eigentlich ist er das lebende Beispiel, was es heißt, nicht multitaskingfähig zu sein.

Ich habe mich schon immer gefragt, was daran so toll sein soll, möglichst viele Sachen gleichzeitig zu tun. Außer man ist Jongleur.

Eine Ente fliegt auf, sie schreit heiser. Jesus sieht ihr nach. Ich gehe zu ihm, er lächelt mir entgegen.

„Was tust du?"

„Ich bete."

Ich setze mich ins Gras. Es ist feucht. „Wie geht das?"

„Ich setze mich zu Gott."

„Und dann?"

„Dann schauen wir uns zusammen die Welt an."

Ich überlege, wie man das macht.

„Redet ihr?"

„Wenig. Ich höre. Das Rascheln im Schilf. Den Schrei der Ente. Ich habe deine Schritte gehört. Mein Herz höre ich. Das Schwappen des Wassers. Manchmal klackert ein Stein. Ich höre, wie Gott atmet."

„Bittest du Gott um etwas?"

„Manchmal. Ich glaube, Gott weiß, was ich brauche. Aber manchmal tut es gut, es auszusprechen."

„Sag mir dein Gebet."

Jesus überlegt.

„Mein Gott,
du träumst von deiner Welt.
Ich träume mit dir.
Ich tue alles dafür,
dass sie Wirklichkeit wird.
Mach mich satt.
Verzeih meine Schwäche
und hilf mir zu verzeihen.
Mach mich frei.
Ich gehöre dir,
du gehörst mir.
Immer und ewig."

Er macht eine Pause.

„So ist es."

22. September: Kein Friede auf Erden

Das Fernsehen ist da. Wegen des Anschlags. Ich finde das gut. Je mehr Öffentlichkeit wir bekommen, desto besser. Rafael nörgelt rum, weil er findet, Fernsehen sei Leuteverdummung.

Ich frage ihn, ob er die Leute mit Ölgemälden erreichen will. Bevor wir uns streiten, sagt Jesus, sie können filmen, was sie wollen. Aber hier passiert gerade nicht viel. Das Feuer ist aus. Niemand wird niedergeschlagen. Und das Erntefest ist auch vorbei. Von außen betrachtet ist das hier eine verschlafene Kleinstadt mit ein paar Hippies und ein paar Glatzen. Nichts Spektakuläres. Während anderswo mittlerweile fast jede Nacht Flüchtlingsunterkünfte brennen. Dennoch interviewen sie uns und fragen, was wir hier machen, und wenn wir nicht als Spinner abgetan werden wollen, sollten wir jetzt ein paar ganze Sätze formulieren.

Wir haben uns in der Küche versammelt. Während die Fernsehleute alles ausleuchten und hektisch durch die Gegend laufen, versuche ich, uns mit deren Augen zu sehen. Jan sieht am normalsten aus. Sein weißes Hemd hat er hochgekrempelt, das blonde Haar ist verwuschelt, sein Blick ist neugierig. Mit Jan könnten wir Werbung machen. Richard ist auch ganz passabel, ein besonnener Typ, der gerade für alle Äpfel schält. Linde dagegen sieht aus wie eine verrückte Alte mit Hut. Dabei habe ich sie in den letzten Wochen wirklich ins Herz geschlossen. Christina rührt in einem großen Topf, sie trägt ihr Blümchenkleid und braucht immer etwas zu tun. Eigentlich könnte sie eine perfekte Mama sein. Hat sie eigentlich Kinder? Jedenfalls hat sie noch nie von ihnen gesprochen. Rahel sieht auch heute so aus, als wäre sie kurz davor zu verhungern, so hager ist sie. Ediths Hemd ist aus ungebleichter

Baumwolle. Schuhe zieht sie nur an, wenn es unbedingt sein muss. Also praktisch nie. Sie knabbert an Richards Apfelschnitzen. Max trägt seine Pfeife durch die Gegend und müsste dringend zum Friseur. Rafael tippt auf seinem Notebook herum und wirkt auch durch seinen Kapuzenpulli, der in Rot „NO!" schreit, nicht besonders einladend. Julia und Marie hängen auf der Eckbank wie zwei Teenager, die das alles hier nur bedingt etwas angeht. Sie gehen mir ehrlich gesagt ziemlich auf den Geist. Alex redet mit den Filmleuten. Bleibe noch ich. Ich schaue an mir herunter und registriere Turnschuhe, die mal weiß waren, und meine Jeans, die mittlerweile zu meiner Alltagstracht geworden ist. Mehr brauche ich auch nicht, ich fühle mich wohl darin.

Und Jesus natürlich, der in unserer Mitte auf dem Tisch sitzt. Seine Füße baumeln in der Luft. Er hat schöne Füße und sieht freundlich aus.

„Okay, und Ruhe bitte!"

Wir frieren in unseren Bewegungen ein. Nur Jesus baumelt weiter.

„Fangen wir an. Erzählen Sie uns doch mal: Wer sind Sie eigentlich?"

Die Frage ist an Jesus gerichtet.

„Wer ich bin?" Er lacht. „Ich bin das Licht. Wer im Dunkeln steht, kann mich sehen. Ich bin die Tür, die für alle offen ist. Ich bin das Brot, von dem sich jeder eine Scheibe abschneiden kann. Ich bin der Hirte, der schwarze Schafe nicht von weißen trennt. Ich bin der Himmel, hier auf Erden. Ich bin der Apfelbaum. An mir kann man wachsen. Ich bin der Weg, mir kann man folgen. Suchen Sie sich was aus."

Stille. Die müssten jetzt was fragen. Aber denen steht der Mund offen und mir auch. Jesus hüpft vom Tisch und schnappt sich einen Apfelschnitz.

später

Die Fernsehleute sind weg. Ich glaube, sie waren beeindruckt. Ich weiß nicht, ob es daran lag, dass Jesus verrückt genug klingt für gute Quoten, oder ob sie das, was wir machen, gut finden.

Hella kommt rein, sie hat Kuchen dabei. Wahrscheinlich hat sie ein schlechtes Gewissen wegen Samstag. Ich koche Kaffee und stelle einen Stapel Teller auf den Tisch. „Setz dich."

Sie kommt gleich zur Sache. „Warum seid ihr so schnell verschwunden?"

Ich brauche erst mal einen Moment, um mich zu sammeln. Wie kann sie eine solche Frage stellen?

Jan kommt mir zuvor. „Sophie gefielen die Runen nicht."

Es klingt ironisch.

„Die Runen?" Hella sieht mich irritiert an.

Ich gucke zu Jan. „Es ging nicht um die Runen", antworte ich ärgerlich. „Es ging um alles. Die Frauen in ihren Röcken, die gleichgeschalteten Kinder. Wie sie Nick und die anderen rausgeworfen haben. Und ja, natürlich auch die Runen. Was soll das?"

„Ihr habt auch eure Kreuze."

„Und", sagt Jan entschieden zu mir, „wir fanden es auch nicht nett, als jemand unsere Wohnung angriff..."

„Das ist doch was völlig anderes!", rufe ich.

Jan bleibt ganz ruhig. „Ist es nicht. Jule und Wolfram haben ein Fest gefeiert. Alle waren eingeladen. Und Nick und seine Kumpel wollten es kaputt machen. Das ist nicht gerade Friede auf Erden."

Hella nickt und mir fehlen so schnell die richtigen Worte.

„Mensch, Sophie!", ruft Jan und sieht mich so eindringlich an, dass ich ihm am liebsten glauben möchte. „Die haben auch Ideale. Wir sind nicht allein. Die wollen was mit uns zusammen machen. Stell dir vor: So eine richtige Landkommune!"

„Jan", schaltet sich Max ein, der die ganze Zeit still an seiner Pfeife kaute, „du lässt dich blenden..."

24. September: Das Fahrrad und die Heiligen

Die Roma klauen tatsächlich. Nein, so ist das natürlich Quatsch. Nicht *die* Roma klauen. Einer der Romajungen hat unser Rad genommen. Es stand unabgeschlossen vorm Haus, weil es jeder von uns mal benutzt. Jetzt steht es in der

Romasiedlung und ein Junge mit Goldkette fährt darauf. Julia und Marie haben ihn zufällig gesehen.

„Gehen wir hin", sagt Jesus.

Wir wissen nicht, wo wir klingeln sollen. Aber die meisten Türen stehen sowieso offen. Aus einigen Fenstern hängt Wäsche und im Garten stehen so viele verschiedene Stühle, als handele es sich um eine Kunstinstallation. Ein Mann kommt auf uns zu, er muss so um die zwanzig sein. „Kann ich helfen?"

„Ja, wir würden gern mit jemandem reden."

Der Mann guckt, als überlege er, was das bedeutet. Dann führt er uns in ein Treppenhaus. Es riecht nach Essen und ich muss unpassenderweise an Zigeunerschnitzel denken. Auch hier stehen die Türen offen, Perlenvorhänge halten Fliegen und Blicke fern. Der Mann klopft und ein älterer Mann taucht auf. Er trägt ein Hemd und eine Krawatte und hat Apfelbacken.

Die beiden sprechen in einer Sprache, die ich nicht kenne, dann bittet der Ältere uns herein. Im Wohnzimmer gibt es eine riesige Couchgarnitur und sehr viele Heilige. Wir sollen uns setzen.

Jesus stellt uns vor. Er erklärt die Sache mit dem Fahrrad und ich ergänze, dass das nicht gut ist, weil die Leute sich darin bestätigt sähen, dass Roma klauen.

Der Mann runzelt die Stirn. „Natürlich ist das nicht gut. Wir klauen nicht. Der Junge wird bestraft."

Jesus nickt. „Wie lange wohnt ihr denn schon hier?"

„Lange, zehn, zwölf Jahre. Aber wir bleiben für uns."

„Warum?"

„Wir wollen nichts mit den Leuten hier zu tun haben. Sie sind unmoralisch."

Ich lache kurz auf. Wenn das Hella und ihre Freundinnen hören würden!

Er guckt ernst und sagt: „Frauen küssen Männer ohne zu heiraten. Kriegen sogar Kinder! Keiner trägt Kreuz, sie gehen nicht in die Kirche, hängen sonntags Wäsche auf! Und Frauen müssen arbeiten!"

„Betet ihr?"

„Natürlich beten wir! Wir beten zu Heiligen." Er macht eine umfassende Geste. „Sie leben mit uns."

Jesus nickt wieder. „Kommt doch mal zu uns. Wir beten auch."

Aber der Mann schüttelt den Kopf. „Nein. Du bist kein Priester. Wir haben Priester."

„Er ist das Licht", sage ich und wundere mich über mich selbst.

„Nur Heilige sind Licht", entgegnet der Alte. „Glaubt ihr an Heilige?"

„Aber ja!", antwortet Jesus. „Wir glauben an dich und an den Jungen mit dem Fahrrad und an Sophie…"

Dabei lächelt er sein 1000-Watt-Lächeln, dann holen wir das Rad und gehen.

27. September: Jesus kommt in Fahrt

Jesus übt Fahrradfahren. Ich habe das erst nicht glauben wollen, aber er kann es wirklich nicht. Seitdem das Fahrrad wieder da ist, übt er regelmäßig. Es ist halb zwölf, es nieselt. Jesus rollt den Weg vom Hauseingang zur Straße runter. Seine Füße berühren den Boden, er tippelt so mit, weil die Pedale sich drehen und er immer mit einem Fuß ausweichen muss. Er biegt auf die Straße Richtung Zentrum ein, wird schneller und fällt um. Er fällt einfach nach rechts auf die Böschung. Das Hinterrad dreht sich weiter, Jesus steht auf, fasst sich an die Wade. Als er mich sieht, winkt er mir zu, nimmt das Rad und rollt zurück.

„Warum kannst du nicht Fahrrad fahren?"

„Ich hatte immer Angst vorm Hinfallen."

„Und warum versuchst du es jetzt wieder?"

„Ich möchte nochmal durch die Felder fahren und den Wind an den Ohren spüren. So wie der Romajunge, der sich das Rad geborgt hat. Er hat sogar die Kette geölt."

„Warum sagst du *nochmal*?"

„Wer weiß. Alles hat seine Zeit."

„Wie geht das hier alles weiter, Jesus? Erst die Sache mit Johannes, dann der Molli-Anschlag, dieser ganze Neonazifilz, die Fernsehleute, was ist eigentlich los?"

„Die Leute haben es nicht einfach hier. Die leben schon ewig zusammen. Die müssen klarkommen. Wir sind auf der

Durchreise. Glaub mir, die hören uns zu. Viele von ihnen. Die sind hungrig. Und wer nicht gegen uns ist, ist für uns."

„Ist für uns? Ich glaube, die stecken alle unter einer Decke. Erntefest, Anschläge, diese ganze braune Heimatscheiße! Und keiner macht den Mund auf. Nicht der Pastor, nicht der Bürgermeister, niemand!"

„Du willst klare Bekenntnisse?"

„Es muss sich doch Widerstand organisieren. Das ist doch nicht zu viel verlangt. Woanders geht das doch auch. Überall hier im Osten fängt das mit der Hetze und den Anschlägen wieder an, und das…"

„Wir widerstehen, indem wir hier sind."

Ich bin wütend.

Jesus bleibt stehen. „Was willst du? Dass alle nach unserer Pfeife tanzen? Sofort ihr Leben ändern? Das will ich auch, aber Veränderung tut weh. Weißt du doch ganz genau."

„Wie meinst du das?"

Jesus streckt mir die Hand entgegen. „Komm!"

Wir gehen Richtung Rathaus. Auf dem Weg treffen wir Max und Sophie, die beiden sind gerade viel zusammen, manchmal mit Jan, manchmal ohne. Die Dame am Empfang weiß, wer wir sind. „Herr Jesus bei uns zu Gast, wer hätte das gedacht!" Sie gluckst. „Sie wünschen?"

Nein, der Bürgermeister habe jetzt keine Zeit, nur mit Termin. Jesus bedankt sich und steuert auf die Treppe zu. Die Empfangsdame ruft uns etwas hinterher, aber Jesus ist sehr schnell und nimmt drei Stufen auf einmal. Wir folgen ihm. Im ersten Stock pocht Jesus an eine weiße Flügeltür und geht hinein. Um einen großen Schreibtisch sitzen der Bürgermeister und drei graue Männer im Anzug. Es müffelt, die Einrichtung ist billiger Möbelhausschick der frühen Neunziger. Ich begreife nicht, warum in öffentlichen Gebäuden so oft Depressive am Werk sind.

Die Männer schauen uns verwundert an.

„Guten Tag, Friede sei mit euch, würde ich gerne sagen, aber das passt gerade nicht so", sagt Jesus und schaut sich um. Sophie, Max und ich halten uns im Hintergrund, mir ist unser Auftritt peinlich.

„Wir möchten wissen, wir ihr es mit Gott haltet", sagt Jesus. „Guckt mal, hier hängt ja ein Kreuz." Er geht hinter den Schreibtisch und nimmt es von der Wand.

„Ist das ein Gott des Friedens?"

Der Bürgermeister steht auf, er hat offensichtlich Angst, er kneift die Augen zusammen und richtet seine Krawatte.

„Herr Jesus, ich bitte Sie, wir können gerne mal miteinander reden, sehr gerne sogar, aber jetzt, das geht gerade wirklich nicht, die Herren aus Rostock haben einen engen Zeitplan…"

„Herren aus Rostock, sehr gut", antwortet Jesus. Er schwenkt das Kreuz. „Oder ist das ein Gott des Schweigens? Des Wegsehens? Des Sich-in-die-Hose-Machens? Gehört das zur Amtsausstattung? Ein kleines Kreuz für den Seelenfrieden?

Während draußen gegen Ausländer gehetzt wird? Brandanschläge verübt werden? Mein Bruder Johannes zu Tode kommt?"

Jesus ist in Fahrt. Ich habe ein schlechtes Gewissen, ich glaube, er treibt es um meinetwillen auf die Spitze.

„Ein Gott der Bequemlichkeit ist das! Wacht auf, ihr Kleingeister. Zum Kotzen ist das, zum Kotzen ist eure Biegsamkeit und eure Blindheit. Ihr Hosenscheißer!"

Er knallt das Kreuz auf den Boden, es zerbricht in zwei Teile. Jesus dreht sich um und läuft hinaus. Wir folgen ihm, nur Max zögert. Er hebt die Teile des Kreuzes auf und legt sie nebeneinander. Dann sind wir weg.

Wir holen Jesus erst bei Wladimirs Dönerstand ein. Jesus sitzt auf einem weißen Plastikstuhl. Wir setzen uns zu ihm. „Geht aufs Haus", sagt Wladimir und stellt uns eine Flasche Cola hin. Jesus schaut mich grinsend an.

„Und, wie fandest du mich?"

Ich weiß nicht, was ich denken soll. Oder sagen.

„Veränderung geht nicht im Schonwaschgang", sagt Jesus. Max hebt die Augenbrauen.

Ich will was einwenden, aber Jesus kommt mir zuvor.

„Lass gut sein, Alex, du hast ja auch Recht." Er nimmt einen großen Schluck aus der Flasche.

„Ist gar nicht so meine Art, aber das tat richtig gut."

28. September: Fettbemmen mit Herz

Überall werden Unterkünfte für Flüchtlinge angegriffen. Oft bevor überhaupt jemand dort eingezogen ist. Die Nachrichten sind voll davon, auch die Kanzlerin hat sich endlich zu einem dieser Orte hinbequemt. Es ist beängstigend, wie schnell die Stimmung gerade in vielen Kleinstädten kippt. Was ist los bei uns? Deutschland, Sommermärchen, das ist doch alles sowas von kalter Kaffee.

Ich sitze mit Max auf dem Marktplatz am Denkmal. Wladimir hat uns ein Bier gebracht. Wir teilen.

„Max, wir müssen doch mehr tun als klug reden oder Bürgermeister provozieren! Wieso, verdammt, wehrt sich hier keiner gegen diese Gedankensuppe?"

Am Kiosk stehen die drei Kahlköpfe. Sie taxieren uns, Max grüßt.

„Hier hocken sie aufeinander, Alex. Die Halbstabilen. Die Talentiertesten sind längst über alle Berge. Und dann: Rudelbildung. Ist doch nichts anderes als Gentrifizierung in Hamburg oder Berlin, nur andersrum…"

„Ja ja", unterbreche ich seine Erklärungsversuche, „aber was machen wir jetzt?"

„Es gibt auch Gegenwehr, heute Abend beim Pastor. Wir sind eingeladen, wirst schon sehen."

später

Wir sitzen in der Pfarrhausküche. Es gibt Fettbemmen, saure Gurken, Knackwurst, Kaffee und Bier. FüreinanderMiteinander ist ein Verein aus der Nachbarstadt, dreißig Kilometer entfernt. Ganz normale Leute, die sich für ihren Landstrich engagieren. Ein Tischler, eine Sekretärin, ein Student, der in Berlin lebt, ein Krimischreiber, der Pastor und zwei Frauen, die ich hier schon auf der Straße gesehen habe. Früher hatte der Verein sogar einen Geschäftsführer, aber seit zwei Jahren gäbe es kaum noch Geld vom Land, erklärt mir Gunnar, der Tischler.

Der Pastor schneidet Brot. „Wir müssen uns zeigen, eher heute als morgen. Sonst brennen auch hier die ersten Unterkünfte."

Er ist viel energischer als bei der Kirchengemeinderatssitzung. Es gibt Einwände, von wegen gute Vorbereitung und so, aber er lässt nicht locker.

„Es geht ums Klima, nicht um messbaren Erfolg! Ich kenne doch die Leute hier. Die meinen das nicht mal böse, aber selbst die Kirchenältesten tanzen auf mehreren Hochzeiten. Heute Erntefest und Runenkratzen, morgen Erntedankgottesdienst und Lobet-den-Herren. Wir müssen was machen, wo alle dabei sind. Und vormachen, wie es geht. Etwas mit klarer Botschaft."

Er steckt sich eine Gurke in den Mund und nuschelt: „Sonntags in der Kirche, da halten wir die Stellung, aber das interessiert ja kaum noch jemanden."

Nach längerem Hin und Her traue ich mich aus der Deckung und schlage eine Lichterparade vor. Singen und Licht in die Stadt bringen. So wie '89. Kein Krawall, sondern ein Statement. Vom Marktplatz aus. Alle sind einverstanden, wohl auch deshalb, weil Max freimütig sagt, dass wir für Kerzen und Gesang sorgen. Der Pastor will die Romasippe einladen, er kenne da jemanden. Er scheint zufrieden. Gunnar will sich über das Vereinsbüro um Werbung und Zeitung kümmern.

„Ich bin sicher, dass auch der Bürgermeister ein paar richtige Sätze sagen wird. Wenn die Presse kommt, gibt's für ihn kein Zurück."

Das Motto soll heißen: „Herz an!" Samstagabend. In vier Tagen.

29. September: Frau Ebert packt an

„Um sechs. Bringt was zu essen mit, aber nichts Umständliches, hört ihr? Und dass ihr ja pünktlich seid!" Frau Ebert kann auf eine so unnachahmliche Art einladen, dass es nicht wie eine Einladung klingt, aber trotzdem eine ist. Ich frage wieso, weshalb, aber sie zieht bloß die Braue hoch. Das hätten wir nun aber schon mitkriegen können, findet sie, dass jetzt mittwochs auf dem Markt immer Picknick ist. Wegen des

Anschlags haben wir gar nichts mitgekriegt und das ist mir peinlich, aber Frau Ebert kneift mir in die Wange und sagt: „Nun guck nicht so bedröppelt, Mädchen, macht ja nichts. Jetzt weißt du es ja. Der Wladimir und ich, wir organisieren das." Der Wladimir und die Frau Ebert, denke ich, das ist ja ein Team. Unterschiedlicher geht's kaum. Aber es scheint zu klappen. Wladimir spendiert einen Dönerspieß und Frau Ebert mobilisiert die Leute und macht Kartoffelsalat.

„Vierzig bis fuffzig kommen immer!" Sie wirkt ziemlich stolz.

„Geht das denn nicht ins Geld?"

„Ach wech! Kartoffeln gab's schon immer billig."

„Und die Glatzen?"

„Die Jungs von der Tankstelle? Also der Hansi, der isst brav mit. Der wollte erst keinen Döner, aber ich hab gesagt: Du isst, was auf den Teller kommt, keine Widerrede. Natürlich hat es ihm geschmeckt. Beim Torben das Gleiche. Nur der Rolf, der ist ein Schwachkopf. Mit dem wird das böse enden. Aber was willste machen?" Frau Ebert stemmt die Hände in die Hüften. „Kannst ihn ja nicht zum Essen tragen."

Ich bin verblüfft. Und ich dachte, wir seien die Erlösung der Stadt. Offenbar läuft es auch ohne uns.

„Und die Jule mit ihrem Hof? Machen die auch mit?"

Frau Ebert rümpft die Nase. „Nee, die sind nicht ganz sauber. Mit ihren Runen und dem ganzen Gedöns und den deutschen Schweinen. Hat man sowas schon gehört? So ein

Quatsch! Als ob polnische Schweine anders schmecken würden. Nee, nee, die tun so sozial, helfen überall, aber die Roma, die würden sie am liebsten aus der Stadt jagen!"

„Kommen die Roma denn zum Picknick?"

„Nee." Frau Eberts Stimme nimmt einen verschwörerischen Ton an. „Die Kinder, ja, die kommen. Kinder sind doch immer neugierig. Die Alten sind skeptisch. Aber das wird noch. Wirst du schon sehen. Das braucht Zeit. Meinst du etwa, ich hätte vor zwei Jahren einen Döner angerührt?" Und dann lacht sie ihr schallendes Lachen, das keinen Widerspruch duldet.

30. September: Lichternacht in Lichterow

Donnerstagmorgen. Wir sitzen zuhause, schneiden runde Pappdeckel aus alten Umzugskartons, damit wir uns beim Kerzentragen nicht die Hände mit heißem Wachs verbrennen. 1000 Deckel sollen es werden. Die Stimmung ist gut, endlich gibt es wieder was zu tun. Lichternacht in Lichterow, los geht's auf dem Marktplatz, da sind natürlich bei uns allen die Lampen angegangen. Jesus' große Rede auf dem Platz mit dem Essen danach, davon erzählen die Leute immer noch. Linde will stricken, bunte Schals für alle. Mit allen Frauen, die Lust dazu haben. Männer stricken hier nicht. Sie hat Wolle ohne Ende, woher weiß allein Gott. Julia und Marie finden die Idee super. Gerade versuchen sie sich an Jamaikamützen. Meine Güte, diese beiden. Sind halt ehrliche 19.

Christina bittet Jesus, dass er unbedingt reden müsse. Ob er nicht noch einmal das mit dem Licht sagen könne, wie bei den Fernsehleuten? Das wäre doch total wichtig.

Jan wirft ein, dass man erst mal abwarten müsse, ob überhaupt jemand komme. Aber Jesus wischt das vom Tisch: „Das ist total egal, Jan. Wichtig ist, *dass* die Lichter brennen. Haltet aneinander fest, Herz an! Seid Schwestern und Brüder. Und lasst Gott mitmachen. Es geht um Widerstand, nicht um eine Bastelstunde."

Linde schnauft empört. „Jesus, so hab ich das gar nicht gemeint, du weißt doch ganz…"

Jesus geht zu ihr. „Ich weiß", sagt er und küsst sie auf die Stirn.

Ich bin aufgeregt. Ich hoffe so sehr, dass die Leute kommen, dass sie ihre Nase zeigen. Ich schaue in die Runde. Linde, Rafael, Jan, Sophie, Max… Von uns sind alle da. Halbfertige Jamaikamützen. Pappdeckel. Dreckige Füße. Und Jesus.

30. September: Sophie ist Mitglied auf diesem Planeten

Ich habe mich schon immer gefragt, was diese ganze Abgrenzung soll. Ich bin zum Beispiel ganz gern Deutsche. Weil man hier gut leben kann, Demokratie finde ich eine prima

Idee und Strandkörbe sowieso. Ich esse gern Grünkohl und Pünktlichkeit erleichtert vieles. Gleichzeitig aber könnte ich mir auch vorstellen, ein bisschen Griechin zu sein, und das nicht nur wegen des Ouzo. Oder Kanadierin, warum nicht? Gut, es gibt auch Länder, da würde ich spontan meine Mitbürgerschaft verweigern. Weil ich keinen Schleier tragen will und auch außerhalb der Küche ein bisschen mitreden möchte. Aber grundsätzlich wäre es doch schön, einfach Weltbürgerin zu sein. Mitglied auf diesem Planeten und Punkt. Wer auf andere schießen, klugscheißen oder die Weltherrschaft haben will, kann sich ja in einen abgetrennten Bereich zurückziehen und alle wären glücklich. Ich weiß, dass der Gedanke naiv ist. Aber warum eigentlich? Wenn sich mehr Leute trauten, naiv zu sein, würde dann so ein Traum nicht immer realistischer? Und wenn man wüsste, ein anderer träumt auch, und man würde ihn erkennen, sagen wir, weil er ein hellblaues Band am Armgelenk trüge, und auf einmal würde man überall hellblaue Bänder entdecken, beim Bäcker, im Urlaub, auf der Meldebehörde, in der Tankstelle, sogar in der Tagesschau – wäre das nicht der Anfang einer neuen Wirklichkeit? Wir mögen Döner oder Fischbrötchen essen, Ayran oder Apfelsaft trinken – aber hej: Wir träumen den gleichen Traum! Wäre das schön.

Seit ich hier bin, weiß ich, wie wichtig es ist, das Träumen nicht zu verlernen. Es müsste ein Fach in der Schule geben, weil es eine Fähigkeit ist, die man üben muss, wie Fahrradfahren oder Schwimmen. Damit sich der Kopf weitet, damit

Sachen reinpassen, die groß sind und sperrig. Wenn man Spagat lernen will, denkt man auch, dass es unmöglich ist, die Beine so weit zu dehnen. Ist es aber nicht! Man muss nur wollen und nicht gleich aufgeben, wenn's wehtut.

1. Oktober: Und Schluss

Der Polizist vor unserem Haus langweilt sich. Es passiert ja auch nichts. Er benutzt unsere Toilette und die Zeiten, in denen er in unserer Küche sitzt, werden immer länger. Christina kocht ihm Kaffee, und sie macht ihn jedes Mal frisch, obwohl er sagt, das sei wirklich nicht nötig. Ich glaube, er himmelt sie an. Eigentlich wären sie ein schönes Paar. Er ist das, was man ein stattliches Mannsbild nennt, und das passt prima zu Christina. Sie flirtet ziemlich mit ihm, und während ich das sehe, boxt mir meine innere Stimme in den Bauch und sagt: Siehste? So geht das. Mit Jan flirtest du nicht. Und das stimmt. Mit Jan flirte ich nicht, weil ich nämlich eigentlich gar nicht verliebt bin. Es wäre nur schön, es zu sein. Immer wenn ein Mann sich in mich verliebt, dann meine ich, nicht ablehnen zu dürfen. Wer weiß, ob noch einer kommt. Als wäre es eine besondere Gefälligkeit des Universums, für die ich dankbar sein muss. Das alles ist auf einmal so klar, während ich die beiden in der Küche sehe, dass ich zu Jan muss. Sofort.

„Habt ihr Jan gesehen?"

Christina nickt. „Im hinteren Zimmer, glaube ich."

Tatsächlich liegt Jan dort auf dem Bett und sucht mit Rafael irgendwas im Internet.

„Jan, wir werden nicht heiraten, keine Kinder kriegen und deshalb auch keine Enkel. Tut mir leid. Ich bleibe fürs Erste bei mir. Wir haben eine spannende Zukunft vor uns." Und weil ich merke, dass das missverständlich ist, ergänze ich: „Ich mit mir."

Dann weiß ich auch nicht weiter.

„Aha", sagt Jan und sonst nichts. Vielleicht ist er überrumpelt. Vielleicht hat er sich das auch schon gedacht. Und weil ich nichts mehr zu sagen weiß, gehe ich einfach raus. Durch den Garten, über den Hügel, an den Wäschestangen vorbei und noch ein bisschen weiter.

später

Als ich wiederkomme, sitzen alle in der Küche und gucken komisch. Ich frage mich, ob es wegen dem ist, was ich Jan gesagt habe.

„Was ist los?"

„Wir gehen zurück nach Hamburg."

In meinem Kopf klackert es, dann fallen alle Bausteine auf einmal um.

„Wir tun was?"

„Wir werden ein Flüchtlingslager betreuen. Vorhin kam die Mail. Von einem Flüchtlingsrat in irgendeinem Hamburger Vorort", erklärt Edith.

„Die sind sehr engagiert", ergänzt Max. „1000 Leute leben da gerade in Zelten, und die suchen wen, der für die Leute da ist. Sie haben von uns gehört und glauben, wir sind die Richtigen. Auch weil es Stress geben könnte. Mit sogenannten besorgten Bürgern."

Jesus steht auf. „Wir werden morgen abgeholt. Mit Bullis, damit wir umziehen können."

Als ob wir was zum Umziehen hätten. Es kommt mir vor wie Verrat. Wir verpieseln uns einfach, während die anderen bleiben und sehen können, wie sie hier mit den Rechten zurechtkommen.

„Wir müssen uns entbehrlich machen", sagt Jesus sanft und es klingt, als hätte er es eben schon einmal gesagt.

„Du hast gesagt", rufe ich, „wir widerstehen, indem wir hier sind! Was ist jetzt damit?"

„Füchse haben Gruben und Vögel haben Nester. Wir nicht. Wir gehen hin, wo wir gebraucht werden. Wem würde es nützen, wenn wir unentbehrlich wären? Manchmal muss man sich klein machen, damit andere groß werden."

Ich denke an Frau Ebert und an Wladimir und ob die beiden es wohl packen.

„Unsere Kraft ist in den Schwachen mächtig. Vergiss das nicht." Jesus nickt mir zu, als wäre damit alles gesagt.

4. Oktober: Gutes Geld

Es gibt drei Bäder. Jedenfalls wenn man das Klo samt Waschbecken dazuzählt. Nachts können wir uns auf vier Zimmer aufteilen und dabei bleibt das Wohnzimmer noch leer. Die Möbel sehen aus wie Designerdinger. Hier wohnen wir jetzt also.

Freitag waren nochmal alle da. Der Pastor, Hella, fünf andere aus dem Kirchenvorstand, Frau Ebert, Maria natürlich, Wladimir, Herr Knoll, der Polizist, der Michael heißt und sehr traurig geguckt hat, und sogar der Bürgermeister. Er hat spontan eine Rede gehalten und uns gedankt. Ich wollte ihm nichts glauben, andererseits wirkte er ehrlich bewegt. Frau Ebert schnitt ihm schließlich das Wort ab: „Bevor das hier 'ne Trauerfeier wird: Ich habe Holundersekt mitgebracht, der wird jetzt getrunken. Prost!"

Und dann wurde das noch eine ziemlich gute Party.

Ich bin verkatert innendrin.

später

Der Typ ist fett. Ich mag ihn nicht. Er nennt sich Zachäus, weil alle seine Freunde ihn so nennen, und erzählt eine abstruse Geschichte, die ich gleich wieder vergesse. Er ist Makler. Von Maklern halte ich genauso viel wie von Bordellbetreibern und Trickbetrügern. Ich verstehe nicht, warum jemand Geld dafür bekommt, einem anderen die Tür zu einem Haus aufzuschließen, das ihm nicht gehört. Ein Einbrecher tut auch nichts anderes, nur dass er keinen Schlüssel hat und die Wohnung ausräumt, während der Makler schwärmt, wie man sie einräumen könnte. Zachäus breitet Sushi auf dem Glastisch aus, denn er will mit uns essen. Der Tisch ist drei Meter lang. Wir stehen auf der Terrasse und gucken Zachäus zu. Ich mag kein Sushi. Ich mag Fischstäbchen und auch Rafael murrt: „Wir haben Besseres zu tun!"

„Ihr seid so arrogant", schimpft Christina, weil sie findet, man muss jedem eine Chance geben. Makler hin oder her. „Schließlich lädt er uns ein. Was ist daran schlecht?"

„Schlecht ist, dass er nicht die anderen 1000 Leute einlädt, die im Lager auf uns warten."

„Als ob die auf uns warten würden. Und 1000 Leute zu Sushi einzuladen wäre auch nicht die cleverste Idee. Das Geld kannst du besser investieren."

Seit wir wieder in Hamburg sind, ist die Stimmung gereizt.

„Kommt, es ist alles bereit", ruft Zachäus und grinst. Wir trotten zum Tisch. Jesus kennt ihn von irgendwoher. Als das mit den Flüchtlingen klar war, hat er ihm gesagt, wir kommen. Und jetzt wohnen wir hier. Zachäus scheint mächtig stolz darauf zu sein. Wahrscheinlich sind wir sein Vorzeigegewissen.

„Wo hast du dein ganzes Geld eigentlich her?", fragt Rafael zwischen zwei Bissen Sashimi.

„Ich habe Wohnungen vermittelt."

„Das müssen aber ziemlich große Wohnungen gewesen sein."

Zachäus nickt. „Das kannst du wohl sagen. Reichentempel."

Rafael schnaubt.

„Die Hälfte ist für euch. Ich habe mir das überlegt."

Alle halten in ihrer Bewegung inne. Es sieht aus, als hätte jemand die Stopptaste gedrückt.

„Die Hälfte wovon?"

„Die Hälfte von meinem Geld. Ich will euch unterstützen. Ich finde es gut, was ihr macht. Mit Jesus habe ich das schon besprochen."

Wir starren ihn an.

„Warum?", fragt Christine. „Warum machst du das?"

„Warum macht ihr das?"

Der Rest des Essens verläuft größtenteils schweigend. Als hätte jemand was Peinliches gesagt und alle versuchten so zu tun, als hätten sie es nicht gehört. Als sei nichts geschehen. Aber es ist was geschehen. Wir sind reich. Jedenfalls wenn der Typ kein Bluffer ist.

noch später

Am Abend ist Jesus wieder da. Er wirkt beschwingt. „Es ist gut, im Lager zu sein", sagt er, „es ist wirklich gut. Die Kinder lachen viel. Es ist gut, dass sie lachen." Er kommt mir etwas aufgedreht vor.

„Habt ihr mit Zachäus gegessen? Ein großzügiger Mensch."

„Allerdings." Ich klinge sarkastisch, das ist nicht zu überhören. „Wusstest du von dem Geld?"

„Du meinst, was er uns spendet? Wunderbar, nicht?"

„Wir sind reich."

„Oh, nicht lange. Wir werden es verteilen."

„Es ist kein gutes Geld."

Jesus sieht mich überrascht an. „Geld ist nie gut oder schlecht. Gut oder schlecht ist nur, was man damit tut."

„Du weißt schon, was ich meine", erwidere ich ungeduldig. „Er ist Makler. Würdest du auch von einem Zuhälter Geld annehmen?"

„Das käme drauf an." Jesus überlegt einen Moment. „Wenn er beschlösse, in Zukunft Gärtner zu sein, wahrscheinlich schon."

Er grinst mich an, dann schlendert er durch die 80 Quadratmeter Wohnzimmer und wirft mit dem Softball ein paar Körbe.

6. Oktober: Zeltlager

Die Container sind alle. Das muss man sich mal vorstellen, in Hamburg mit seinem rostig-romantischen Stadthafen sind die Container alle. Schon klar, die Leute können nicht in den roten „Hamburg-Süd"- oder grünen „Evergreen"-Containern wohnen, die Tag und Nacht verladen werden. Aber trotzdem. So gibt's nur drei Container für die Verwaltung, ein paar Sanitärmodule, ja, so heißen die, und 80 Zelte. Sieht aus wie in der Wüste. Beigefarbene Großraumzelte. Mitten im wohlhabenden Hamburger Westen.

Als wir das erste Mal hier waren, hat mir die Atmosphäre Angst gemacht. Diese fremden Gesichter, so viele Menschen aufeinander. Aber dann haben wir gesehen, wie die Sozialarbeiter hier arbeiten. Sehr freundlich, gut organisiert. Djamila hat uns durch das Lager geführt. Die Leute sagen hier Lager, nicht Flüchtlingsunterkunft, und ich finde, sie haben Recht. Djamila kann Russisch, Serbisch, Arabisch, Französisch und Englisch. Irre Frau. Sie hat uns alles gezeigt. Die Kochstellen, die Dusche, alles auf kleinstem Raum, praktisch, leicht zu reinigen. In den Zelten stehen Stockbetten vom Bund, zu jedem Bett gehört ein abschließbarer Spind.

Djamila hat uns erklärt, dass alle klare Aufgaben haben, dass jedes Zelt sich ums Putzen kümmern muss, dass die meisten dankbar und produktiv sind – dass es aber trotzdem regelmäßig knallt. Nicht weil die Leute sich hassen, sondern weil es einfach zu viele sind. Und weil es zu wenig zu tun gibt.

Jesus hat gesagt, wir sollen schlicht und einfach da sein. Und dort helfen, wo es brennt. Es mangelt nicht an Leuten, die herkommen und helfen. Das ist rührend, die bringen alles, was gebraucht wird. Spiele, Jacken, Kissen, Fernseher. Aber was eben keiner bringen kann, ist Arbeit, eine Wohnung, einen geregelten Neuanfang. Wir können das auch nicht, aber wir sind länger da als nur einen Nachmittag und wir können Kontakt halten. Und die Leute kennenlernen.

Ich sitze mit Fayzed vor dem Zelt. Sektor K4. Hab's erfreulicherweise gleich gefunden. Drinnen ist die Luft schlecht, in Zelten ist es ja immer zu kalt oder zu warm. Ich denke an unsere Luxuswohnung. Scheiße. Fayzed hat sich Rasierklingen gewünscht, er sagt, das wäre echter Luxus für ihn. Diese Fertigrasierer, die es hier gratis gibt, das wäre so, als würde man mit einem Löffel eine Kartoffel schälen. Ich finde nicht, dass er gerupft aussieht, aber ich kann da nicht mitreden, bei meinem Bartwuchs würde auch ein Löffel reichen. Fayzed umarmt mich, als er die Rasierklingen in der Hand hält. Ich musste im Drogeriemarkt erst nachfragen, so versteckt lagen die im Regal. Er verschwindet Richtung Sanitär.

Fayzed ist mit seiner Frau, zwei jüngeren Brüdern und seinen drei Kindern hier. Die große Tochter, Leyla, ist in einer benachbarten Kita untergekommen, die beiden Kleinen spielen hier vor dem Zelt im Dreck. Ich setze mich zu ihnen. Aber ich stehe gleich wieder auf, denn ich muss an Otto denken. Seit drei Wochen habe ich keine Nachricht. Eigentlich bräuchte ich nur vorbeizugehen, das sind 25 Minuten von hier, aber irgendetwas hindert mich daran. Im Nachbarzelt streiten zwei Männer. Es geht um ein Handy. Vielleicht geklaut? Ich frage nach, aber ich bekomme nur eine drohende Faust gezeigt.

Fayzed kommt zurück. Er streicht sich übers Kinn.

„No potato", sagt er und grinst.

Ich frage ihn, was bei den Nachbarn los ist. Er zuckt mit den Achseln.

„Not my family."

Ich verabschiede mich, weil ich zu einem älteren Syrer will, der sich ein Schachspiel gewünscht hat. Auf dem Weg treffe ich Linde, Marie und Julia. Sie sitzen vor einem Zelt und stricken. Mit sieben anderen Frauen. Sie trinken Tee aus diesen schicken dänischen Gläsern, die ich gestern noch bei Zachäus im Küchenschrank gesehen habe.

7. Oktober: Jesus macht Licht

Das Lager ist das Gegenteil von allem. Zelte stehen in Reih und Glied und sonst nichts. Es gibt keine Vorgärten, Briefkästen, Straßenlaternen, nichts von dem, was Sesshaftigkeit ausmacht. Aber anders als beim Camping gibt es auch keine Gummiboote und keine Grills. Feuer darf man sowieso nicht machen, Sicherheitsbestimmungen. Ich verirre mich ständig, auch nach vier Tagen noch. Jesus scheint das anders zu gehen, er bewegt sich leichtfüßig, wirft hier Leuten ein paar Sätze zu, erkundigt sich da bei ein paar älteren Männern nach ihrem Wohlergehen. Es ist, als sei er schon immer hier gewesen, vor allem tut er so, als sei alles ganz normal. Als würden die

Männer nicht vor einem Stockbettzelt voller Fremder sitzen, sondern in ihrem Vorgarten. Sie bieten ihm Sonnenblumenkerne an. „Come?", fragt Jesus, „at six?" Die Männer nicken und winken ihm zu.

„Was ist um sechs?"

„Da beten wir."

„Wer – wir?"

„Na, wir alle", antwortet er, als sei das selbstverständlich.

„Hier im Lager?"

„Natürlich hier im Lager, wo denn sonst?"

„Hier sind Sunniten und Schiiten und Katholiken und Orthodoxe und Jesiden und wer weiß, was noch. Mit wem willst du beten?"

Er bleibt stehen und sieht mich an. „Meinst du, dass Gott sein Ohr nach Religionen aufteilt? Natürlich beten wir mit allen. Wir haben ja nur einen Gott. Den müssen wir schon teilen."

Dass alle zusammen beten, finde ich weltfremd. Immer wieder eskaliert es zwischen den Gruppen. Es gibt Schlägereien. Dazu kommen die ersten Hungerstreiks wegen der Bedingungen in den Lagern. „Jesus, die brauchen Aufenthaltsgenehmigungen, die brauchen Arbeit, Wohnungen, ihre Familien. Die brauchen deutsche Wörter, Freunde oder wenigstens Bekannte in diesem Land. Die brauchen eine Aussicht!"

„Sag ich doch", nickt Jesus zufrieden. „Gebet eben."

später

Wenn Jesus betet, dann bittet er nicht. Das ist mir schon am Anfang aufgefallen. In der Kirche gibt es meistens eine lange Liste von Dingen, um die sich Gott kümmern soll. Mängellisten. Nach solchen Gebeten fühle ich mich immer hoffnungsloser als vorher, weil so offenbar ist, woran es fehlt. Jesus macht das nicht. Er scheint keine Mängellisten zu führen, obwohl es hier so offensichtlich an vielem fehlt. Er sagt Sachen wie „Du bist das Licht. Du leuchtest uns heim." Oder „Du glaubst an uns. Du machst uns groß." Mit „du" meint er Gott. Die Worte tun gut. Sie machen es hell, als hätte er die Sonne angeknipst. Ich glaube, das braucht man, wenn man sowieso schon den ganzen Tag darüber definiert wird, dass man bedürftig ist. Auf einmal sind da nicht mehr die armen Flüchtlinge, die nichts haben, sondern Menschen, die im Licht stehen.

12. Oktober: Linde ist sauer

In der Küche stehen Ahmed, Lydia, Murat, Sham, Esra und Rahaf. Ihre Sachen liegen im Wohnzimmer verstreut. Ahmed, Lydia und Murat kommen aus Syrien, Esra und Rahaf aus Libyen und Sham kommt aus Serbien. „Die wohnen jetzt hier", sagt Christina.

„Hier?"

Sie nickt energisch. Christina tut alles energisch. „Das Lager ist voll und ich wollte sie nicht weiterschicken. Wer weiß, ob es in Billbrook besser ist. Also habe ich sie mitgebracht. Hier ist ja genug Platz."

„Aber doch nicht für alle", wendet Linde ein.

„Aber für diese." Es klingt nicht, als ob Christina weiter diskutieren will, schon gar nicht vor den Neuankömmlingen.

Linde ist sauer. Als die Neuen schlafen und wir uns später alle in der Küche treffen, faucht sie: „Das geht so nicht. Das musst du absprechen. Du kennst die doch gar nicht. Weißt du, ob das gute Menschen sind? Was ist, wenn die klauen?"

„Na, das Geld wollen wir ja sowieso verteilen. Dann nähmen sie uns Arbeit ab", bemerkt Rafael belustigt.

Julia blitzt ihn an. „Findest du das witzig? Ich kann Linde total verstehen. Wir wissen nichts über die. Sie kommen aus verschiedenen Ländern. Wer weiß, was die erlebt haben – vielleicht sind sie traumatisiert? Wir sind keine Profis."

„Profis wofür? Für Menschlichkeit? Wusstest du, wer ich bin? Ich hätte dir im Osten genauso ein Messer an den Hals halten können. Warum hattest du vor mir keine Angst?"

Die Diskussion wird überraschend unsachlich. Jesus ist noch im Lager. Er ist immer seltener dabei. Ich überlege, was er jetzt sagen würde. Wahrscheinlich, dass wir uns versuchen sollen vorzustellen, was wir selber in so einer Situation bräuchten. Das ist einfach, beklemmend einfach, weil es auf der Hand liegt, was man braucht, wenn einem alles abhandengekommen ist: Schlaf, Essen, eine Dusche und Menschen, die einem sagen: „Es ist gut. Du bist in Sicherheit."

Ich glaube, das Wichtigste ist, ganz nah an diesem Gedanken zu bleiben: Was wäre, wenn ich das wäre? Denn dass ich es nicht bin, ist einfach Glück. Ich habe Glück gehabt, dass ich im richtigen Land geboren bin, zu einer Zeit, als es die Demokratie schon gelernt hatte. Das ist ein pures Geschenk, nicht mein Verdienst. Jeder will es gut haben, jeder will in Sicherheit sein – und ich möchte die Motzer, für die alle Wirtschaftsflüchtlinge sind, sehen. Die würden sich doch genauso aufmachen in ein besseres Land, in ein besseres Leben, jedenfalls wenn sie den Mumm dazu hätten. Davon erzählt jedes Märchen, davon erzählt die Bibel, davon erzählen die Amerikafahrer, davon erzählt der Osten nach der Maueröffnung. Ich würde wirklich gern sehen, wie die, die jetzt die herzlosen Zyniker spielen, in einer vergleichbaren Situation sagen würden: „Nein danke, das habe ich nicht verdient."

15. Oktober: Hier und dort

Schon komisch, aber unsere Zockerwohnung von Zachäus geht mir gehörig auf den Senkel. Trotz Marmorbad, Kamin und Eiswürfelmaschine. Wir sind da einfach zu viele. Dabei haben wir bis vor kurzem viel enger gewohnt. Immer ist Musik. Arabische Musik, schlechter Pop, saulaut. Gleichzeitig läuft der Fernseher, ständiger Wechsel zwischen englischen Nachrichten, Trickfilmen und amerikanischen Krankenhausserien. Unsere neuen Mitbewohner haben sich eingerichtet – und ich bin innerlich ausgezogen. Ich trauere unserer Plattenbauwohnung nach. Aber ich kenne das von mir, ich kann mich nur schwer irgendwo eingewöhnen.

Gestern hab ich Frau Ebert angerufen. Wollte wissen, wie es geht. Und wie die Lichternacht war.

„Gut war's, 350 Leute. Und schlecht war's, weil ihr nicht mehr da seid, verstehste?"

Sie drückte einen kurzen Schluchzer in den Hörer.

„Und sonst?", habe ich gefragt, „was machen die Idioten?

Sie schniefte kurz und lachte dann schallend auf: „Weißte, die Roma kommen jetzt zum Picknick. Auch die alten. Gesungen haben wir, Alex, das glaubste nicht."

Sehnsucht hab ich. Und das Gefühl, dass wir zerfallen. Wir sehen uns kaum noch, jeder hat seine Zeiten im Lager, wir geben uns in der Wohnung die Klinke in die Hand. Und Jesus ist auch fast nie hier. Der ist nur noch im Lager. Und fühlt sich da pudelwohl.

16. Oktober: Alex schreibt eine Mail

Liebe Marion,
wir sind wieder in Hamburg, hast du sicher gelesen. Ich hab euch gesehen, Otto und dich, auf dem Wochenmarkt. Hab mich aber nicht aus der Deckung getraut, nachdem ich so lange weg war und du nicht auf meine Nachrichten antwortest. Können wir uns treffen? Vielleicht wenn Otto in der Kita ist? Ich will euch sehen, unbedingt. Ich bin jeden Tag in der neuen Flüchtlingsunterkunft. Falls du dafür einen Nerv hast: Wir brauchen Kinderschuhe und Schreibzeug und Regenschirme.
Küsse, dein Alex

18. Oktober: Halleluja

Ich war bei Fayzed und habe seiner Frau ein Bügeleisen gebracht. Gleich gebe ich Deutschunterricht in F4, ein Gemeinschaftszelt, das wir erkämpft haben. Wir singen viel. Deutsche Lieder, mit Gitarre und den Instrumenten, die gerade da sind. Ich muss mich immer noch daran gewöhnen, dass ich hier im Lager allein unterwegs bin. Zu zweit, das wäre vergeudete Energie. Wenn wir singen, dann muss ich immer an Coco Schumann denken, der überall als Ghetto-Swinger bekannt ist. Leider kommen nur Männer. Ich kriege dieses Lagerding einfach nicht aus meinem Kopf, wahrscheinlich liegt es daran, dass da was dran ist. 1000 Leute auf 80 Zelte verteilt, inmitten von so vielen wohlhabenden Familien drum herum. Die helfen alle, rührend, aber es bleibt krass, dass die einen im Winter campen müssen, während die anderen bei 20 Grad Raumtemperatur überflüssige Kleidung und Spielsachen aus ihren Ankleidezimmern fischen. Warum ist es so schwer, unseren Lebensstandard ein wenig zu downsizen? Ich komme mir schlecht vor, denn zuhause, also in der Wohnung von Zachäus, fällt mir das Multikulti verdammt schwer. Dabei mangelt es nicht an Platz. Aber das Problem sind nicht die Musikgeschmäcker, sondern einfach, dass Ahmed, Murat, Lydia, Sham und Esra nichts zu tun haben. Außer auf Post von der Ausländerbehörde zu warten und auf die Zuweisung in einen staatlich anerkannten Deutschkurs.

Jesus sagt immer, lebt mit den Leuten, nehmt sie mit nach draußen. Geht spazieren, kauft mit ihnen ein, redet Deutsch, auch wenn es anstrengend ist, stellt sie euren Freunden vor. Macht euch Freunde. Und lasst euch zu Freunden machen.

Ich komme bei K4 an, ein paar Männer warten schon. Einer hat eine Trompete dabei, ich freue mich. Wir fangen an zu singen. Die Texte habe ich ausgedruckt, so dass jeder verfolgen kann, wie das Gesungene aussieht. Hohe Pädagogik ist das nicht. Aber es macht Spaß. Wir singen *Hoch auf dem gelben Wagen*. Jede Strophe fünfmal. Dann erst die nächste.

Roman, der Trompetenspieler, wird immer kühner. Volksmusik meets Balkan. Ich merke bei jeder Wiederholung, wie glücklich mich das macht. Durch diese Männer, in diesem Lager, entdecke ich ein Stück Kultur. Über die ich eigentlich immer nur lachen konnte. Inzwischen sind wir mindestens dreißig. Ein paar Männer haben ihre Kinder mitgebracht. *Heute hier morgen dort*, der alte Hannes-Wader-Schlager. *Die Gedanken sind frei.* Roman spielt eine Oberstimme dazu. Dann wollen die Männer ein Lied von hier lernen. Na gut, denke ich, dann eben Hans Albers. *Auf der Reeperbahn nachts um halb eins.* Wenn die wüssten, was sie da singen. Aber egal. Ich sehe Jesus. Er singt mit. Er geht rum, umarmt einige der Männer. Er kommt zu mir, küsst mich auf die Stirn.

„Halleluja", flüstert er mir ins Ohr.

Roman schraubt seine Melodiebögen immer höher. Und spielt den Refrain ein viertes Mal: ... *ist ein armer Wicht, denn er kennt dich nicht. Mein Sankt Pauli, Sankt Pauli bei Nacht.*

Als ich K4 verlasse, steht ein großer Koffer vor dem Zelt. Ich erkenne ihn. Mein alter grauer Kunstlederkoffer. Mein Herz beginnt zu galoppieren. Auf einem Post-it steht: „Für Alex". Ich öffne den Koffer. Er ist gefüllt mit Kinderschuhen, Papier, Stiften und Radiergummis. Auch zwei neue kleine Regenschirme liegen drin, noch mit Preisschild.

20. Oktober: Linde erklärt, wie man eine Klospülung benutzt

Alle haben sich wieder ein bisschen beruhigt. Wir reden Englisch und lernen uns Tag für Tag mehr kennen. Ahmed hat Architektur studiert, Murat ist Schneider, ließ seine drei Schwestern zurück und grübelt ständig, wie er ihnen helfen kann. Er ist mir nicht ganz geheuer, er tritt so selbstverständlich auf und gibt mir das Gefühl, ich müsse ihn bedienen. Lydia will endlich eine Ausbildung machen, was lernen. Sham und Esra sagen nicht viel. Esra hat meistens die Augen niedergeschlagen. Rahaf lacht viel und auch Ahmed und Lydia sind mir auf Anhieb sympathisch.

Linde ist die Einzige, die kein Englisch spricht. Das ist ein Problem. Wir versuchen, so gut es geht, zu übersetzen, aber im Gespräch vergessen wir es immer wieder und Linde fühlt sich abgehängt. „Die müssen Deutsch lernen", wettert sie. „Warum kommen die nach Deutschland, wenn die kein Deutsch können?" Ich sage ihr, dass sie alle bestimmt Deutsch lernen wollen, aber dass sie ja nicht geplant hatten zu fliehen. Aber Linde bleibt stur. Sie spricht ein sonderbares infantiles Deutsch mit ihnen, sagt Sachen wie „Du wollen Apfel?" oder „Du haben gut Bubu gemacht?" Ich bitte sie, normal zu sprechen, aber sie kümmert sich nicht darum, bis Rafael der Kragen platzt. „Verdammt, Linde, der hat studiert!", schreit er, als Linde Ahmed in ihrem Babysprech erklären will, wie man eine Klospülung benutzt. Sie läuft rot an, ich weiß nicht, ob vor Wut oder aus Scham.

Man vergisst das so leicht. Dass Menschen, die geflohen sind, ein ganz normales Leben hatten, vielleicht in ein Konzert gingen, einen Anzug trugen und morgens zur Arbeit in ein Büro gingen. Es sind ja nicht alle Ziegenhirten. Kleider machen eben Leute und Sprache auch und Ahmed steht gerade weder das eine noch das andere besonders gut.

Murat weigert sich abzuwaschen. Weil es Frauensache sei. Er kommandiert Julia und Marie herum, ich nehme an, weil sie die Jüngsten sind. Ich sage ihm, dass Frauen hier genauso gleich wie Männer sind, aber da ich selbst eine bin, interessiert ihn meine Meinung nicht die Bohne. Er blitzt mich ärgerlich an und macht eine Bewegung, als wolle er eine Fliege verscheuchen.

Scheiße, denke ich und bin ratlos, weil meine Wut mich so lähmt. Ist ja klar, dass nicht alle Flüchtlinge Feministen sind.

Max mischt sich ein. Das ärgert mich auch, weil ich nicht in einem Land lebe, in dem ein Mann für mich vermitteln muss. Er spricht lange mit Murat. Der akzeptiert ihn, weil er der Älteste ist. Aber wie es in ihm wirklich aussieht – weiß der Himmel.

Ich denke in der Nacht lange darüber nach. Es ist vergleichsweise einfach, Leuten Zuflucht zu bieten. Weil wir die Möglichkeiten haben. Aber was dann? Ich liebe mein Grundgesetz. Und was ist mit ihnen? Werden sie es wenigstens respektieren?

Die Tage gehen dahin. Jesus ist meistens im Lager und wenn er wiederkommt, strahlt er. Ich beobachte ihn und versuche herauszufinden, was er tut. Das ist bei allem im Moment mein Maßstab: Wie würde er sich verhalten?

21. Oktober: Schulterzucken

„Und was machst du jetzt?"

Rosa trägt die Haare jetzt kurz. In der Agentur saß sie mir gegenüber. Die Chinohose steht ihr. Unwillkürlich schaue ich an mir selbst hinunter und werde melancholisch. Ich habe Lust, mich auch mal wieder schön zu machen. So wie früher. Ich erzähle ihr vom Osten, von den Rechten, von unserer Luxuswohnung, von den Flüchtlingen. Sie nickt: „Das ist wirklich schlimm."

Ich weiß nicht, ob sie die Rechten oder die Flüchtlinge meint. Aber ich komme nicht dazu nachzufragen, weil sie gleich weiterredet. Dass sie eine Wahnsinnskampagne an Land gezogen haben. „Schade, dass du nicht mehr dabei bist, das wäre genau das Richtige für dich…"

„Wäre es nicht." Das kam patziger, als ich wollte. „Mir hing das so zum Hals raus, dieser ganze oberflächliche Kram! Als ob eine Werbekampagne auch nur im Entferntesten etwas mit dem wirklichen Leben zu tun hätte!" Rosa guckt gekränkt.

Ich hätte das nicht sagen sollen. „Sorry, ich meine es nicht böse. Aber ich habe endlich mal das Gefühl, richtig zu leben. Mittendrin zu sein und nicht bloß Zuschauerin in schicken Hosen." Au Backe, denke ich, schon wieder ein Querschläger. Aber Rosa nickt freundlich, obwohl ich fühle, dass sie mich nicht versteht. „Wo soll das denn hinführen? Ich meine", und jetzt senkt sie ihre Stimme verschwörerisch, „was ist mit Familie und so? Ist ja schön, dass du anderen hilfst, aber irgendwann, da musst du doch auch an dich denken. Du bist schließlich auch bald 40…" Sie lacht und schüttelt den Kopf. „Entschuldige, das war unhöflich. Aber ich weiß, wie das ist – ich habe Freitag nämlich meinen Vierzigsten und plane schon seit Wochen die große Feier. Weißt du was? Komm doch einfach! Ich schicke dir 'ne Mail…" Sie schaut auf die Uhr und muss los, und ich weiß, dass ich nicht kommen werde, weil diese Welt mir mittlerweile so fern ist wie ihr Afrika.

Ich schlendere ein bisschen weiter, genieße die Abendsonne und beschließe, an meiner alten Wohnung vorbeizugehen. Bisher habe ich sie gemieden. Es ist nicht weit. Vorm Café sitzen Leute, die meisten von ihnen kenne ich vom Sehen, was komisch ist. Hier hat sich nichts verändert. Auf der Straße wie immer zu viele Autos, jemand hat Sonnenblumen gepflanzt, die alten Fahrräder sind weg. Ich lege meinen Kopf in den Nacken und schaue hoch. Aber ich kann meine Fenster nur erahnen, zu steil ist der Winkel, zu eng die Straße. Genauso fühlt es sich an: zu eng. Hier passe ich nicht mehr rein. Keine Wehmut, kein Heimatgefühl, nichts. Ich bin erstaunt, dass das so eindeutig ist. An der Ecke kaufe ich ein paar Birnen und gehe nach Hause.

Jan ist da. Er fiedelt auf seiner Geige. Weil ich noch beflügelt von der Begegnung mit meiner alten Welt bin und weil es endlich wieder normal sein soll zwischen uns, gebe ich mir einen Ruck und setze mich zu ihm.

„Hej. Was machst du hier so allein? Warum bist du nicht im Lager?" Er zuckt mit den Schultern. „Keine Lust."

„Was ist los?"

Erneutes Schulterzucken. „Ich weiß nicht. Ich bin da einfach nicht gern. Mir ist das alles so fremd. Was soll denn mit den Leuten werden?"

„Ich nehme an, sie werden Wohnungen finden."

„Und dann?"

„Na, Deutsch lernen. Arbeiten. Was man eben so tut."

Jan sieht mich an. „Glaubst du das wirklich?"

Ich fühle mich aus dem Konzept gebracht. „Ja… So soll es doch sein, oder?"

Er springt auf: „Siehst du, genau das ist es, was mich so nervt. Ich will nicht zu diesen Gutmenschen gehören, die immer wissen, wie alles sein soll. Aber so funktioniert es nicht! Mensch, Sophie, siehst du das denn nicht? Hast du Murat mal beobachtet? Der gibt doch einen Scheiß drauf, was wir finden. Der nimmt uns nicht mal ernst, und wenn du es genau wissen willst: dich noch weniger als mich. Weil du eine Frau bist. Im

Osten, da hatte ich das Gefühl, ich tue was Sinnvolles. Da haben wir Leute unterstützt, die zu uns gehören. Die Deutschland mögen. Da gibt es genügend Leute, die unsere Hilfe brauchen. Warum holen wir uns noch mehr Probleme ins Land und können am Ende niemandem mehr wirklich helfen?"

21. Oktober: Alex besucht Marion und Otto

Ich stehe vor unserer Tür. Mehr als drei Monate war ich nicht in unserer Wohnung. Es fühlt sich an wie zuhause. Aber es ist nicht mehr mein Zuhause. Ich komme mir vor wie ein Verräter. Wie der verlorene Sohn. Ich fühle mich trotzdem richtig.

Ich drücke auf die Klingel.

Marion öffnet.

„Du?"

„Ich wollte mich bedanken, für die Sachen, die du gebracht hast. Und mit dir sprechen. Und dich was fragen. Und Otto sehen."

„Komm rein."

Otto sitzt am Küchentisch, er trinkt seinen Nachmittagskakao. Als er mich sieht, lässt er sich von seinem Stuhl rutschen und springt mir in den Arm.

„Du alter Hase", sagt er mit seiner hohen Stimme, es soll lustig sein, aber es klingt vorwurfsvoll. Er drückt mich fest an sich, seinen Schokoladenmund in meine Schulter – und ich ihn an mich. Wie gut Otto riecht und sich anfühlt. Ich bekomme feuchte Augen.

„Musst du immer arbeiten? Du bist so gemein."

Ich sehe Marion an, sie hat das Spiel also mitgespielt.

„Geht doch eine Runde raus", sagt sie. „Ich habe Zeit."

Wir gehen auf den Spielplatz, auf Ottos Lieblingsspielplatz, und Otto erzählt mir, was er in der Kita gerade gemacht hat, dass er mit Oma und Opa Boot gefahren ist, Motorboot, dass er Feuermänner blöd findet und Arbeiter gut und dass Heiner jetzt sein Freund ist. Otto erzählt und erzählt, er kommt immer wieder zu mir gerannt, will auf den Arm, ich kann mich nicht sattsehen an ihm. Wie hab ich das ausgehalten ohne ihn? Es ist wie früher, obwohl es überhaupt nicht mehr wie früher ist.

Marion bringt Otto ins Bett, ich halte mich zurück, verspreche Otto aber, dass die viele Arbeit jetzt weniger wird.

Dann sitzen wir am Tisch und trinken Tee. Es fällt mir nicht leicht, aber mir ist in den letzten Wochen vieles klar geworden.

„Es tut mir leid, Marion. Dass ich euch so im Nebel gelassen habe. Viel zu lange. Das war unfair und egoistisch und saublöd. Es tut mir leid."

„Sollte es dir auch. Das war megascheiße. Und deine Mails waren armselig."

Marion fischt mit einer Gabel die Pfefferminzblätter aus ihrem Glas. Sie schaut mich an.

„Ich habe verstanden, dass das mehr als ein Spleen ist. Als ich in eurem Lager war, da hab ich das verstanden. Respekt, Alex. Wirklich. Ihr bewegt was. Ihr seid mutig. Ich finde das gut. Aber es hat was kaputt gemacht. Uns, deine Familie."

Marion trinkt, aber der Tee ist noch zu heiß.

„Ich will Klarheit. Und ich will Otto nicht weiter so hinhalten. Er hat ein Recht auf seinen Vater. So oder so."

„Marion, ich werde weitermachen. Jesus hat mir den Sand aus den Augen gewischt. Ich will nicht mehr über dies und das berichten und den rasenden Reporter spielen und Dinge beschreiben in schöner Distanz. Ich will mich nicht einrichten. Ich will keine Eigentumswohnung und keinen Urlaub mehr mit unseren Luxusfreunden und ihren Luxuskindern. Dieses ganze Heile-Welt-Theater – das ist eine billige Pappkulisse. Die hält nichts aus, da ist nichts dahinter. Absolut sinnlos. Ich weiß, dass ich im Lager gebraucht werde. Mehr als anderswo. Ich glaube, dass Gott mich braucht. Das klingt pathetisch, Marion, aber ich glaube fest, dass vieles auf der Welt heiler werden kann, wenn wir alle unsere Dinge mit mehr Liebe tun. Bedingungsloser und selbstloser."

„Mit mehr Liebe? Das sagst du mir, einfach so? Nachdem du dich wochenlang aus dem Staub gemacht hast?"

„Ja. Auch wenn es komisch klingt: Jesus hat uns diese Liebe gezeigt, die volle Ladung. Aber dafür musste ich mich losmachen von euch. Manchmal geht nicht alles zusammen. Und du weißt genau, dass nicht alles Zucker ist zwischen uns."

„Alex, ich versuche wirklich, dich zu verstehen, seit Jahren schon. Du redest von der großen Liebe, zum ersten Mal – und meinst nicht mich. Du bist ein Arsch, weißt du das?"

„Marion, ich liebe dich, ich liebe euch, aber mein Herz geht darin nicht auf. Mein Herz schreit nach mehr."

Unsere Blicke weichen einander nicht aus. Sekundenlang. Ich trinke einen Schluck Tee.

„Ich wünschte mir sehr, dass wir das teilen könnten."

„Ich will dich aber nicht teilen, versteht du? Verstehst du das, Alex? Lass mich allein, hau ab. Komm morgen wieder oder lass es bleiben. Aber kümmere dich verdammt nochmal um Otto."

22. Oktober: Wasserschlacht

Dieser Oktober ist ungewöhnlich warm. Zehn Kisten Shampoo und zwölf Kisten Spülung stehen im Eingang. Eine Drogeriekette hat sie gespendet. „Wohlfühlhaar für Wohlfühlmenschen", liest Rafael und schnaubt. „Was machen wir damit?"

„Na, Haare waschen!" Jesus sagt das so voller Überzeugung, als sei ihm schleierhaft, wie man auch nur einen Augenblick zögern kann. „Wir werden den Leuten die Haare waschen. Kopfmassage inklusive!"

„Da gibt es doch echt Wichtigeres zu tun!"

Aber Jesus ist schon draußen. Eine Stunde später stehen dreizehn Stühle in einer Reihe. Dreizehn Handtücher hängen

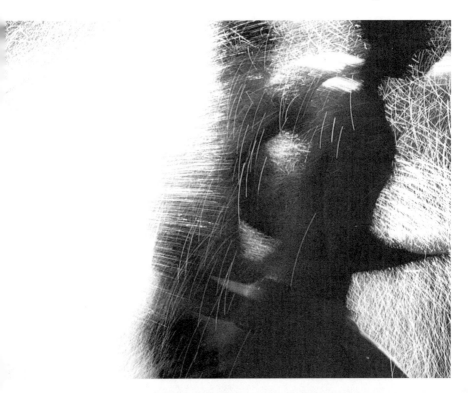

sauber gefaltet über den Lehnen. Vier Gartenschläuche liegen dahinter. „Warm", sagt Jesus zufrieden. „Gut, was?"

„Die können sich doch selbst die Haare waschen", murrt Rafael, weil Jesus will, dass wir alle mitmachen. Aber er hat keine Chance.

„Natürlich", antwortet Jesus, „aber heute brauchen sie das nicht. Heute tun wir es für sie."

Kinder gucken neugierig. Sie sind die Ersten, die auf den Stühlen sitzen. Wir fangen an. Seifen Köpfe ein, passen auf, dass nichts in die Augen läuft, spritzen Zappelphillippe nass und schnell ist absehbar, dass das eine Riesenwasserschlacht wird. Männer ziehen ihre Hemden aus, ich schäume und massiere, was das Zeug hält. Es macht ziemlichen Spaß.

Nach einer Weile merke ich, dass die Frauen fehlen. Ein paar stehen am Rand und schauen zu, aber selbst das sind nicht viele. „Come!", rufe ich, doch sie schütteln ihre Köpfe. Auf einmal kapiere ich: Sie wollen ihr Haar nicht zeigen und sie wollen sich auch nicht mit halbnassen Oberteilen den Blicken der Männer aussetzen. Erst durch ihre Zurückhaltung merke ich, wie intim das eigentlich ist, was wir hier tun. Ich überlege. Dann nehme ich meinen Stuhl und gebe auch Julia und Marie ein Zeichen. „Wir ziehen um!"

Im Duschcontainer improvisieren wir einen Salon. Wir treiben eine Kanne Tee auf, ein paar weitere Stühle und hängen ein buntes Tuch über die Tür. Jetzt kommen auch die Frauen. Wir waschen ihnen die Haare, jemand reicht Kekse, wir lachen viel. Für zwei Stunden ist die Welt wunderbar normal.

Als die letzte Frau gegangen ist und wir den Boden aufwischen, platzt es aus Julia raus: „Warum haben wir das gemacht? Bei uns dürfen Frauen ihre Haare zeigen. Sie dürfen im Bikini auf der Straße rumlaufen, wenn sie wollen. Warum beugen wir uns deren Moralvorstellungen?"

Ich stütze mich auf meinen Wischer. „Weil wir ihnen dienen wollten. Entweder du dienst oder du bestimmst. Beides zusammen geht nicht." Dabei verstehe ich ihren Zorn. Mir ist auch unwohl beim Anblick der Frauen, die verschleiert sind. Die Arroganz mancher Männer finde ich unerträglich, ihr Herrschergehabe, ihre Pfiffe, die Anzüglichkeiten, von denen mir manche Frauen erzählt haben. „Versteht ihr, es geht um den Moment. Einen Moment Wohlbefinden, einen Moment Sich-fallen-Lassen. Und wann sich jemand fallen lassen kann, bestimmen nicht wir. Ich glaube, das hat mit Demut zu tun. Wir erkennen an, dass sie es da draußen nicht konnten. Hier drinnen aber schon. Deshalb passen wir uns ihrem Schritt an. Auch wenn wir auf anderen Wegen unterwegs sind und sie zu gern mitnehmen würden."

23. Oktober: Da ist Gott

Es ist kurz nach acht. Alle außer Jan sind da. Wir sitzen in Djamilas Bürocontainer, für eine halbe Stunde, einfach, um uns mal wiederzusehen. Alle sind ständig unterwegs, beschäftigt, überfordert. Jesus hat Augenringe, aber er sieht glücklich aus. Wenn er im Raum ist, wird es fünf Grad wärmer. Ungelogen. Kein Wunder, dass die Leute im Lager ihn immer bei sich haben wollen.

Jesus sitzt falsch rum auf dem Drehstuhl von Djamila und rollert herum auf diesen zwölf Quadratmetern.

Christina seufzt. „Ich kann nicht mehr."

Julia nickt. „Wir arbeiten uns zu Tode hier und haben kaum noch Zeit für uns."

„Wo soll das hinführen?", fragt Linde. „Das kann doch nicht ewig so weitergehen?" Sie sieht wirklich müde aus.

Jesus rollert zu Linde. „Ihr helft Gott. Ihr wuchert mit euren Talenten. Endlich. Jedes Mal wenn ich euch hier sehe, dann lache ich in mich hinein. Dieses Lager ist das Wohnzimmer in Gottes Welt. Das sehen nicht viele. Aber es stimmt."

„Aber es ist verdammt anstrengend", sagt Rahel. „Es werden ja immer mehr und die Stimmung macht mir Angst. Gestern schon wieder eine Schlägerei in F3. Ein Junge wurde mit dem Krankenwagen abgeholt."

Max hustet, es klingt nicht gut.

Jesus steht auf. „Heil sind alle, die sich erweichen lassen. Wisst ihr noch? Ihr macht das Land auf. Ihr seid so frei. Ihr teilt eure Freiheit. Mit jeder Mütze, die ihr mit den Frauen strickt, mit jedem Lied, das ihr gemeinsam singt, mit jeder Seife, die ihr besorgt, und in jeder Minute, die ihr hier seid. Mit jedem Ball, den ihr auftreibt, mit jedem Witz, den ihr erzählt, mit jedem arabischen, rumänischen oder albanischen Wort, das ihr lernt. Mit jeder Frage, die ihr stellt, mit jedem Namen, den ihr euch merkt, mit jedem Satz, mit dem ihr diese Menschen verteidigt."

Jesus sieht uns an. Einen nach dem anderen.

„Ich habe euch lieb."

Max steht auf. Er räuspert sich. Er sucht einen Ton. Dann beginnt er zu singen: *Ubi caritas et amor. Ubi caritas deus ibi est.*

Ich erinnere mich an die vielen Male, als wir das gesungen haben. So ein klarer Text, so wenige Worte. Wo die Liebe wohnt, da ist Gott.

Ich werfe mich in Max' Gesang. Er ist wie ein Rettungsboot. Es klingt stickig in diesem Container, eng. Aber je öfter wir das Lied singen, desto mehr verwandelt es sich. Zukunftsgesang. Verankert in der Vergangenheit. Wir sind eins. Wir und Gott. Gott und die anderen. Wir und die anderen. Jesus singt mit geschlossenen Augen. Sophie hat die Hände gefaltet. Max schnäuzt sich mit dem Taschentuch, seine Augen sind feucht. Christina bekreuzigt sich. Rafael legt den Arm um Linde. Richard lächelt, während er singt. *Deus ibi est.*

Es klopft an der Containertür. Wir hören auf zu singen. Sophie öffnet die Tür.

„No Deutschkurs today?"

Ein junger Mann schaut zu uns in den Container. Ich gucke auf die Uhr. Zehn nach neun. Wir sind zu spät.

„Doch, wie immer, Deutschkurs. Sorry. Wir sind da."

25. Oktober: Ein ganzer Sack Liebe

Anika ist mittlerweile richtig schwanger. Sie trägt ihren Bauch wie eine Trophäe und ich freue mich für sie. Wir sind zum Kaffee vorbeigekommen, auf der Leinentischdecke steht ein Blech Apfelkuchen und auch sonst sieht alles aus, als befänden wir uns bei einem Fotoshooting für Instagram. Scheinbar zufällige Heimeligkeit. Der Kuchen schmeckt lecker, selbst Linde ist milde und Anika strahlt. Sie betont immer wieder, wie schön es ist, uns wiederzusehen, und dass sie sich solche Sorgen gemacht hat wegen der ganzen Brände und natürlich wegen der Sache mit Johannes. *Sache* sagt sie tatsächlich. Dann beginnt sie davon zu erzählen, wie viel noch zu tun ist, bevor das Baby kommt, vor allem weil sie die gesamte Erstausstattung selber schneidern will. Und Jakob schnitzt eine Rassel. Verstohlen schiele ich zu ihm hinüber. Alex' Blick fragt: „Hast du sie noch alle, Alter?" Aber Jakob sieht es nicht oder will es nicht sehen und ich muss grinsen, weil ich das irgendwie auch süß finde.

„Und du?", fragt Anika und meint mich. „Was ist mit dir?"

„Ich bin nicht so handwerklich begabt", lache ich, aber natürlich lässt sie nicht locker. „Ich meine eine Familie…"

Anika stupst mich an, aber ich schüttele den Kopf. „Ich habe jetzt eine Familie", antworte ich und mache eine Bewegung, die alle einschließt.

„Das ist nicht dasselbe! Eine Familie, das ist doch, wenn man immer füreinander da ist, egal, was passiert. Du gehörst einfach zusammen. Lebenslang."

Ihre Augen leuchten und ich antworte: „Ja, genau."

Anika widerspricht. „Das kannst du nicht mit Freunden. Da geht es um Sympathie. In einer Familie ist die Liebe einfach da."

„Und was ist", schaltet sich Julia ein, „wenn dein Baby da nicht mitmacht, wenn es mal fünfzehn ist? Wenn ihm seine Familie schnuppe ist?"

Anika wird rot. „Das wird nicht passieren. Glaub mir, das ist eine Frage der Prägung. Wer Liebe gibt, bekommt auch Liebe."

„Warum soll das dann nicht auch jenseits der Blutsfamilie klappen?"

„Weil…", Anika sucht nach Worten, „weil es beliebig ist."

„Vielleicht gerade nicht", wende ich ein. „Es ist eine bewusste Entscheidung."

„Mit der du dich überforderst. Man kann nicht jeden x-beliebigen Menschen lieben!"

„Ist es nicht eine viel größere Überforderung, wenn der ganze Sack Liebe, den du bekommen willst, auf den Schultern einiger weniger Menschen liegt?"

Aber Anika winkt ab. „Das ist mir alles viel zu theoretisch. Wenn du erst mal schwanger bist, dann wirst du fühlen, dass es anders ist."

Ich lasse das so stehen, weil mir der Apfelkuchen schmeckt und auch weil ich ihre Vorfreude nicht vermiesen will. Das Thema lässt mich trotzdem nicht los, auch später nicht, als ich längst wieder zu Hause bin. Ich glaube ja gar nicht, dass das Konzept Familie falsch ist, sondern nur, dass es allein nicht selig macht. Es geht doch vor allem darum dazuzugehören. Irgendwo musst du dazugehören, sonst bist du kein Mensch, sondern nur ein Wesen. Und auf einmal sehe ich ganz klar, dass es genau darum in meinem derzeitigen Leben geht: Ich will den Leuten im Lager das Gefühl geben dazuzugehören. Wir gehören zusammen. Weil wir Menschen sind.

28. Oktober: Wir gehören zusammen

Erst hat Jesus gelacht. „Wir wollen gemeinsam essen? Das können wir an jedem Tag im Lager." Aber dann hat er verstanden. Er hat gesagt: „Donnerstagabend. Mit unseren Gästen – und nur, wenn alle da sind."

Natürlich sind wir alle da. Es riecht großartig, seit Stunden schon. Vier Lammkeulen haben Ahmed und Murat seit gestern Abend am Wickel. Unmengen an frischen Kräutern hat Lydia besorgt. Rahel macht Bohnen, es ging laut zu zwischendurch in der Küche, aber Max hat vermittelt. Der Pastor geht ihm nicht aus der Wäsche. Esra hat Brot gebacken. Wir haben syrischen Wein gekauft; in Altona gibt's alles irgendwo zu kaufen, sündhaft teuer, aber egal. Murat hat eine Tischdecke genäht. Weinrote und gelbe Ornamente.

Wir sitzen am Boden. Mit gebratenen Zucchini geht es los, dazu gibt es Oliven und ofenwarmes Brot. Wir erzählen Geschichten aus dem Lager, vor allem die schönen. Jesus ist fröhlich, konzentriert, er hat diesen warmherzigen Blick wieder drauf. Ein Blick, der jeden umarmt. Als mich dieser Blick streift, habe ich das Gefühl, Jesus sitzt nur mit mir hier zusammen.

Er erzählt von seiner Mutter, von seiner Kindheit, in der er immer fette Leberwurst essen musste und Blutsuppe, wenn geschlachtet wurde. Als Ahmed die Lammkeulen hereinbringt, sagt er: „Wie gut, dass man erwachsen wird und manches hinter sich lassen kann. Ahmed, Rahel, Esra, Lydia, Sham, Murat, ihr seid ein Segen."

Jesus hält inne. Er nimmt das Brot und sagt: „Wir gehören zusammen. Auf immer und ewig."

Dann reißt er ein großes Stück ab und schiebt es sich in den Mund. Wir machen das alle so und versuchen leise zu kauen, keiner traut sich was zu sagen.

Jesus gießt Wein in sein Glas. „Ich liebe euch. Vergesst das nicht. Auf immer und ewig."

Es ist totenstill. Jesus ist in sich versunken. Schließlich räuspert er sich.

„Sagt das weiter, um Gottes willen."

Er trinkt. Wir hören, wie der Wein leise in seinem Hals gurgelt. Dann trinken wir. Einer nach dem anderen. Jesus gießt immer wieder nach. Ich denke an Marion, an Otto, an den Sommer mit Jesus. Ich denke an Johannes und Frau Ebert, an die irre Kanufahrt auf der Elbe. Ich denke an damals, als Jesus starr auf dem Platz saß, ohne sich zu bewegen, tagelang, und wie er mich in seinen Bann geschlagen hat. Ich denke an die glatzköpfigen Idioten. Ich denke an Jesus auf dem Fahrrad. Ich denke an den Koffer in K4 und die Kinderschuhe und die Radiergummis. Ich denke an morgen.

Wir essen, die Stimmung löst sich, aber ich bekomme nicht viel mit. Ich habe mit mir zu tun. Ich ahne Schlimmes und auch wieder nicht. Ich spüre eine große Hoffnung in mir. Feuer. Unendlich viel Liebe.

später

Da oben leuchten die Sterne. Hier unten leuchten wir. Ich kann nicht schlafen. Das Lied spielt in Dauerschleife in meinem Kopf. Ich sitze auf der Terrasse und mein Atem malt Wölkchen in die Nacht. Ich ziehe die Decke noch enger um mich.

Wir haben gegessen. Wir haben getrunken. Es gab Lamm, Ahmed hat es geschmort, mit Rosinen und Auberginen. Dazu gab es Joghurt, Esra hatte ein Brot gebacken. Jesus teilte es, jedem gab er ein Stück, als seien wir Kinder. Irgendwer sprach es aus, die Stimmung war heiter, fast übermütig. Jesus lachte, aber dann wurde er ernst: „Wir gehören zusammen. Vergesst das nicht." Er biss in das Brot, kaute, schluckte. „Ich bin das Brot. Ich gehöre euch." Dann nahm er den Wein und schenkte ihn ein. Er leuchtete rot im Kerzenlicht. Ich verstand nicht genau, was er meinte, aber ich begriff, dass gerade etwas Besonderes geschah. Er trank einen Schluck, dann gab er das Glas weiter. Wir tranken alle daraus, als würden wir etwas besiegeln, das größer ist als wir. Wir wuchsen über uns hinaus.

Gerade als ich meine Augen schließen wollte, fiel mein Blick auf Jan. Mir war sofort klar, dass etwas nicht stimmte. Er rutschte unruhig hin und her. Sein Adamsapfel hüpfte, als versuchte er, etwas hinunterzuschlucken. Dann räusperte er sich.

„Ich werde gehen", sagte er. Die Stille schnitt uns das Wort ab.

„Wann?", flüsterte Jesus.

„Morgen", antwortete Jan und Jesus nickte.

„Was du tun musst, das tu bald."

Ich wollte aufspringen. Das darfst du nicht, das ist ein Fehler, wo willst du denn hin?, wollte ich rufen. Aber Jesus legte beschwichtigend seine Hand auf meinen Arm: „Lass ihn."

Jan sagte, dass er zurück in den Osten geht. Auf Jules Hof. Dort habe er gefunden, was er sucht: Gemeinschaft, Werte, eine bessere Welt, die nur gedeihen kann, wenn man nicht jeden reinlässt. Auch auf einem Acker kann man nicht alles wachsen lassen, das habe er dort erkannt. „Das Unkraut muss man ausreißen, sonst erstickt die gute Frucht." So hat er es gesagt.

Wenn ich rauchen würde, dann würde ich mir jetzt eine Zigarette anstecken. Ein Auto fährt vorbei. Die Leuchtziffern meiner Uhr zeigen drei Uhr an.

Die Schiebetür geht leise auf. Ich drehe mich um. Jan kommt raus.

„Na?", mehr sagt er nicht.

Ich hätte eine Menge zu sagen. „Du hast uns verraten!" Mehr bringe ich nicht raus.

Jan zuckt mit den Schultern. „Wenn du das so siehst..." Er klingt enttäuscht, dabei bin ich doch die, die enttäuscht sein darf. Ich, nicht er.

„Warum tust du das? Hat es mit mir zu tun?"

Wieder ein Schulterzucken. „Ich suche eben auch mein Glück."

„Und wenn es hier auf dich wartet?"

Er schüttelt den Kopf. „Hier ist alles Chaos. Nie kannst du sicher sein, was morgen ist. Wir wissen nicht, ob es etwas bringt, was wir tun. Ich will diese ganze Unsicherheit nicht mehr."

„Und du glaubst, da drüben findest du Sicherheit? Das ist doch trügerisch. Die funktioniert doch nur so lange, wie sich alle konform verhalten." Meine Stimme klingt schrill in der Stille. Ich bin so aufgewühlt. „Es geht nämlich um Vertrauen. Und dafür gibt es keine Garantie!"

Jan sieht mich an, schüttelt den Kopf, dann dreht er sich um und geht rein.

„Jan", schreie ich, „verdammt, bleib hier!"

30. Oktober: Murat macht Business

Murat lacht. Er pfeift durch die Lippen und schüttelt seine rechte Hand, als ob er sich verbrannt hätte. Soll wohl heißen: Vorsicht, heiß. Ein Mann ist in den Bus eingestiegen, mit Hipsterbrille, nach hinten geklebten Haaren und einem verdammt schicken Anzug. Nadelstreifen, hauteng, mit fliederblütenzartem Hemd drunter. Mutig, denke ich, weil der Mann nun nicht gerade schlank ist. „Look", raunt Murat mir zu, „what a suit, customized." Ich sehe Murat das erste Mal lachen. Bei uns zuhause nervt er alle, weil er einen auf Pascha macht und mit Frauen ein Problem hat.

Wir sind auf dem Weg zu einer Freundin, die aus alten Gleitschirmen Surferjacken näht und in China Schuhe designt. Murat ist Herrenschneider und hatte in Aleppo seinen eigenen Salon. Die Mischung ist kühn, aber was soll's. Murat will arbeiten und Rike braucht jemand, der ihr verlässlich Jacken näht. Gute Näherinnen sind schwer zu finden.

Rike öffnet die Tür ihrer Hinterhofwerkstatt. Murat schaut hoch zu ihr, sie ist eins achtzig. Sie bittet uns herein. Ich setze Kaffee auf, Rike zeigt Murat die Nähmaschinen, die Schnitte, die knallbunten Gleitschirme, die von der Decke hängen. Murat gibt den Macker. Das kann er gut. Als ob er der Innungsinspektor persönlich wäre. Er befühlt den Stoff, stolziert zu den Maschinen, streicht über sie, drückt auf einen großen Fußtaster und hört auf das schnurrende Geräusch.

„Pfaff, very good", sagt er mehr zu sich selbst als zu uns.

Wir trinken Kaffee aus roten Hamburg-Bechern. Murat erzählt, dass er zwei Angestellte und jede Woche einen Anzug geschneidert hatte, in guten Zeiten auch zwei, dazu Hemden, diese aber konfektioniert. Und nur die besten Stoffe. Er war auf Stoffmessen in Damaskus und im Iran. Alles vorbei jetzt. Er hatte die falschen Kunden gehabt. Ein Brandanschlag, danach anonyme Drohungen. Als ob man falsche Kunden haben kann als Herrenschneider. Als ob Anzüge politisch sind. Während er das alles erzählt, guckt er Rike nicht ein einziges Mal an.

„Wenn du hier arbeiten willst", sagt Rike bestimmt, „musst du mir in die Augen sehen, Murat. Das ist bei uns so. Deine Geschichte tut mir leid, aber ich brauche dich zum Arbeiten. Pro Jacke gibt's achtzig Euro. Und nicht schnellschnell, ich habe pingelige Kunden. Wenn es gut läuft an der Maschine, Murat, schau mich an, machen wir eine Anstellung draus. Das ist mein Angebot. Willst du?"

Murat atmet tief ein. Sehr tief. Das Theatralische hat er drauf. Er schaut mich an. Vorwurfsvoll und mitleidheischend. Ich zeige auf Rike. Er schaut sie an. Diesmal richtig. Er räuspert sich.

„Can I use your Pfaff, in the morning or afterwork? For my business?"

Rike lacht. „Okay, für 50 Euro pro Monat."

Ich bin entsetzt. Aber jetzt lacht auch Murat.

„Fifty Euro per month? Okay…"

Ich lasse die beiden allein. Rike, die angesagte Designerin, und Murat, den syrischen Herrenschneider. Er tut mir leid. Und sie mir auch.

1. November: Außer Kontrolle

Christina sagt, ich soll mir das nicht angucken. Aber ich tue es trotzdem. Ich will später nicht sagen müssen: Das habe ich nicht gewusst. Ich gucke mir die Facebookkommentare an und die Videos. Ich lese auch Zeitung, aber Zeitung schafft Distanz. Hass in nüchterner Berichterstattung klingt weniger bedrohlich als Hetzreden im Originalton. Als hätten wir die Sache im Griff. Haben wir aber nicht. Als ich das erste Mal auf das Video einer sogenannten Demo geklickt habe, sah ich 1933 vor mir. Hassverzehrte Gesichter, brutales Geschrei. Der Redner brüllte, er wünsche allen Flüchtlingshelfern, dass sie zusammengeschlagen würden. Die Frauen unter ihnen wollte er vergewaltigt sehen. Also mich. Das war ein Aufruf zu einer Straftat. Ich habe diesen Mann angezeigt, auch wenn ich nicht weiß, ob das etwas bringt. Ein anderer bedauerte, dass die Konzentrationslager außer Betrieb sind. Das war kein vorbestrafter Neonazi, sondern ein Intellektueller. Ich frage mich, wie man die Schamlosigkeit besitzen kann, einen solchen Satz zu sagen.

Wenn die Scham abhandenkommt, gibt es keine Grenzen mehr. Die Scham, sich schuldig zu machen, und zwar so sehr, dass man sich nicht mehr im Spiegel ansehen kann. Aber vielleicht haben diese Menschen es aufgegeben, in den Spiegel zu schauen. Ohne Scham ist der Mensch ein Tier.

Gestern hat der Mob eine Kirche gestürmt. Eine Kirche! Die völlig fassungslose Pastorin berichtete davon in den

Nachrichten. Sie hatte in der Nacht etwa hundert Flüchtlinge aufgenommen. Weil die Angst hatten, in die offizielle Flüchtlingsunterkunft zu gehen. Es ist offenbar bekannt, dass die Sicherheitsleute dort zur rechten Szene gehören. Gegen Mitternacht wurde die Kirche geöffnet und das Technische Hilfswerk stellte Feldbetten auf. Zwei Stunden später flog der erste Stein. Mitten durch die Kirchenfenster hindurch. Er traf Noah. Dann wurde der barmherzige Samariter zertrümmert, das Kind in der Krippe, die Könige. Die Menschen drängten sich panisch unter der Orgel. Der Mob, einige Hundert „besorgte Bürger", hämmerte gegen die Tür, mit Eisenstangen schlugen sie auf das Holz ein.

Die Polizei konnte sie zerstreuen, verhaftet wurde niemand. Es war ja nichts „Wirkliches" passiert. Und die Steinewerfer waren natürlich nicht zu identifizieren.

Dass es so viele Leute gibt, denen nichts heilig ist, nicht mal eine Kirche, das entsetzt mich. Was gibt es dann noch für einen Schutzraum, der unangefochten gilt? Sie würden natürlich behaupten, Deutschland sei ihnen heilig. Aber das ist lächerlich! Das Grundgesetz attackieren sie mit Eisenstangen. Was ist es denn, das sie beschützen wollen? Ihre Bratwurst? Die nimmt ihnen keiner weg. Ich glaube, sie haben nichts, was sich zu beschützen lohnt. Und weil das so ist, sollen die anderen auch nichts kriegen. Gleiche Leere für alle!

2. November: Mehr Leben geht nicht

Sophie

Die Sirenen überholen mich. Ich bin kurz vor Tor zwei, da sehe ich, wie sie abbiegen, sie nehmen den Versorgungsweg ins Lager. Ich weiß sofort: Es muss etwas Schlimmes passiert sein. Ich lege einen Schritt zu. Am Tor sind keine Sicherheitsleute, ich laufe an den Zelten vorbei, an Tor drei sehe ich Menschen. Es sind viele Menschen, viel zu viele. Blaulicht rotiert über ihren Köpfen. „Haut ab", „Haut ab", brüllen sie rhythmisch. Flaschen fliegen. Einige haben Latten in den Händen. Ein Polizist auf einem Pferd schwankt in der Menge. Ich höre Kinder schreien, ich sehe verängstigte Gesichter, ich will dazwischengehen, es ist ein unglaubliches Chaos. Ellenbogen stoßen mich, jemand schlägt hart an meinen Kopf, aber ich dränge weiter, zu den Rettungsleuten. Sie tragen schweres Gerät, ein Kreis tut sich auf und ich sehe ihn auf dem Pflaster liegen. Sein Kopf blutet, aber nicht sehr, das kann man doch verbinden, denke ich, das sieht doch gar nicht so schlimm aus. Aber seine Augen. Seine Augen starren zum Himmel, und sie sind tot.

Ich stürze in den Kreis, ein Sanitäter will mich zurückhalten, ich reiße mich los, ich werfe mich auf ihn, das darf nicht sein. Ich höre mich schreien.

Alex

Das kann nicht sein. Das geht einfach nicht. Warum war von uns keiner da? Als ich die Nachricht bekam, dass es wieder Proteste gibt von irgendwelchen Hassbürgern, dass sie das Lager gestürmt haben, habe ich Otto hochgebracht und bin mit dem Fahrrad losgerast.

Ich bin zu spät. Ich sehe den Auflauf und das Blaulicht. Und Sophie, die mit Max und den anderen auf dem Boden kauert. An einen Gitterzaun gelehnt. Max nimmt mich in den Arm. Ich schluchze. Ich kann nicht aufhören. Ich nehme die Hand von Sophie. Sie ist kalt. Auf dem Boden ist ein Fleck Blut.

Sophie

Der Himmel ist blau. Wieso ist der Himmel blau?

Die Polizei hat versucht, den Tathergang zu rekonstruieren. Man weiß nicht, wer ihm den Schlag versetzt hat. Er wurde mit einem stumpfen Gegenstand an der Schläfe getroffen. Es waren viele stumpfe Gegenstände im Spiel. Jeder hätte es sein können. Er wollte dazwischengehen, als die Rechten das Lager stürmten. Er wollte vermitteln. Aber er wurde einfach umgemäht.

Alex

Jesus hat sich in den Weg gestellt. Die Sicherheitsleute haben sich in Sicherheit gebracht. Eigentlich ist alles wie immer gewesen. Es tut so weh.

Sophie

Esra hat Linsensuppe gekocht. Wir sollen etwas essen, sagt sie. Murat singt ein Totengebet. Jeden Morgen singt er. Seit drei Tagen.

Heute Nacht dachte ich, Jesus sei im Zimmer. Ich erwachte, als es hell wurde, und sah den Abdruck auf dem Kissen. Als hätte er neben mir gelegen.

Morgen ist die Beisetzung.

Alex

Ubi caritas. Wo die Liebe wohnt. Das singen wir. Hunderte. Dicht gedrängt. Ein paar Männer stehen auf den Dächern der Container. *Deus ibi est.* Da ist Gott.

Wir stehen auf dem großen Platz im Lager, zwischen Müllkübeln und Sanitärtrakt. Der Sarg ist aufgebockt. Er wirkt riesig. Zachäus hat ihn bezahlt und ausgesucht. Helles Holz, mit dicken Beschlägen. Wie für die Ewigkeit gemacht. *Deus ibi est.*

Gott ist hier. Jesus ist tot.

Es gibt keinen Ablauf. Keine Liturgie. Wir waren uns schnell einig. Den Bestatter haben wir weggeschickt. Jesus passt in keine Form. Wir sind die Form. Wir alle, die jetzt hier sind.

Max geht zum Sarg. Er erzählt von seiner ersten Begegnung mit Jesus. Wie ein Stich ins Herz sei das gewesen. Aber wie ein guter Stich. Er spricht zum Sarg, so als ob Jesus alles hört.

„Als ich schon fast den Glauben verloren hatte, kamst du. Ein zweites Leben. Die Welt wurde heller. Jetzt weiß ich nicht weiter."

Max beugt sich zu dem Sarg, er küsst ihn. So wie das viele Frauen und Männer aus dem Lager schon vor ihm getan haben.

Andere kommen nach vorn. Einige reden lange, andere nur ein paar Sätze. Das meiste verstehe ich nicht.

Eine Frau legt ihr Tuch auf den Sarg. Eine andere sprüht Rosenwasser darüber. Fayzed legt ein Armband dazu, es sieht aus wie ein Rosenkranz.

Ich sehe Maria, seine Mutter. Und seinen Bruder. Er weint hemmungslos. Ich sehe Leute aus der Kirche, von damals, von der Gemeindeversammlung. Marion ist da. Der Bürgermeister, dem wir das Kreuz von der Wand gerissen haben. Ich sehe Frau Ebert. Wladimir. Und all die bekannten Gesichter hier aus dem Lager, von denen ich viele Namen nicht kenne. Weiter hinten stehen Fernsehkameras. Sie halten sich zurück.

Sophie geht zum Sarg. Linde folgt ihr. Rahel. Julia und Marie. Ich gehe mit. Rafael und Richard kommen dazu. Christina und Edith. Max.

Ein Mann beginnt zu singen. *Hallelujah.* Dieses Ohrwurm-Hallelujah von Leonard Cohen. Er hat eine tiefe Stimme. Er singt in einem eigenartigen Englisch. Nach und nach verstehe ich ihn. *There's a blaze of light in every word. It doesn't matter which you heard, the holy or the broken Hallelujah.*

Wir singen mit. Alle singen mit. Die Luft ist aufgeladen. Alle warten, man kann das spüren, alle warten auf das *Hallelujah*. Es ist wie eine Befreiung. Fünfmal, sechsmal, siebenmal.

Sophie streichelt über den Sarg.

Linde sagt leise: „Leb wohl."

Julia und Marie weinen.

Christina flüstert: „Hasta la vista!"

„Auf immer und ewig", sage ich. Ich bekomme es kaum über die Lippen.

Wir halten uns an den Händen.

Es ist vorbei.

Aber die Leute rücken zu uns in die Mitte. Kein Abstand mehr.

Sie legen uns die Hände auf die Schultern.

Sie weinen mit uns.

Irgendwann ist es still.

Ende November

Alex

Die letzten Wochen haben mir die kalte Schulter gezeigt. Ich bin leer. Wenn es so etwas wie kaltes Feuer gibt, dann ist es das, was mich jeden Morgen aufstehen und ins Lager gehen lässt. Ich tue, was zu tun ist, ich weiß, dass das richtig ist, richtiger als alles andere. Die Leute sind dankbar, sie schütten uns ihre Herzen aus, beinahe mehr als davor. Das Feuer ist nicht aus, es ist kalt. Ich spüre Jesus an allen Ecken und Enden. Aber er ist nicht mehr da.

Die meisten von uns haben die Wohnung verlassen. Verwandte und Freunde von Murat und Ahmed sind dafür eingezogen. Ich wohne zusammen mit Max und Christina zur Zwischenmiete ganz in der Nähe. Schicksals-WG. Otto sehe ich drei- oder viermal in der Woche, Marion und ich, wir reden viel.

Sophie

Die Elbe fließt und wir gehen nebenher. Der Himmel ist trüb. Wir sagen tausendmal die gleichen Sachen, als wäre unser Wortschatz auf Notversorgung geschrumpft. Erschöpft lässt sich Christina auf eine Bank fallen. Ich setze mich neben sie. Wie viel Macht hat Gott, wenn er den Tod nicht aufhalten kann?

„Ist hier noch frei?"

Ich gucke hoch. Ein Typ in einem zu großen Mantel guckt zurück. Ich nicke. Er setzt sich. Wir reden weiter.

„Worüber sprecht ihr?"

Ärgerlich drehe ich mich zu ihm um. „Bist du der Einzige, der nicht mitgekriegt hat, was passiert ist?" Ich erzähle ihm von Jesus und von uns und kann gar nicht wieder aufhören. Der Mann hört aufmerksam zu. Sein Haar ist dunkel und seine Augen sind es auch. Irgendwie kommt er mir bekannt vor. Ich tippe, er kommt aus Syrien. Vielleicht war er im Lager?

Dann beginnt er zu sprechen. Dass er die alten Geschichten kenne, und wenn er sie richtig verstehe, dann erzählten sie doch davon, dass nichts bleibt, wie es ist. Dass die Ewigkeit in keinem Haus wohnt, dass der Himmel kein Denkmal ist und dass Gott sich nicht einrichtet, sondern aufrichtet. Dass er mit den Gehenden geht und mit den Weinenden weint und mit den Träumenden träumt. Dass er nicht den Satten den Bauch streichelt, sondern den Mutlosen ein Herz schenkt. Dass er nicht den Lauf der Welt anhält, sondern die Laufenden verändert.

Wir sind aufgestanden und weitergegangen. Seine Worte schieben mich an. Bis wir plötzlich vorm Tidecamp stehen, dort, wo alles anfing. Jetzt ist der Strand leer. Die Boote sind umgedreht. Aber in der Gaststätte ist Licht. Auf der Tafel steht „Wieder da: Glühwein". Ich öffne die Tür, der Fremde will weitergehen, aber Christina zieht ihn mit hinein: „Bleib bei uns, es wird doch schon dunkel."

Sie bestellt drei Glühwein, es ist mein erster in diesem Winter. Wir pusten in die Tassen.

„Prost", sage ich.

„Auf uns", sagt Christina.

„Auf immer und ewig", sagt der Fremde, und etwas in seiner Stimme lässt mich aufschauen, und ich denke, das ist doch nicht möglich, und ich sehe, dass Christina das Gleiche denkt.

Er lächelt so warm, dreht sich um und geht hinaus. Ich brauche drei Sekunden, um mich aus meiner Starre zu lösen, dann bin ich an der Tür, reiße sie auf, aber draußen tropft nur der Regen von den Buchen.

Er ist weg.

Ich gehe zurück zu Christina. „Das kann nicht sein."

Sie wiegt ihren Kopf. „Aber die Worte …", sagt sie.

Alex

Lichterow, städtischer Friedhof. Endlich hab ich mich hergetraut. Ich suche das Familiengrab, von dem Maria sprach. Warum hab ich nie nach dem Nachnamen gefragt? Wieso habe ich damals nicht auf das Klingelschild geachtet?

Frau Ebert kommt mir entgegen. Ich fasse es nicht.

„Alex! Du hier!"

Sie knuddelt mich und kriegt sich gar nicht mehr ein.

„Ich will zu Jesus", sage ich.

Frau Ebert geht einen Schritt zurück und mustert mich auf ihre Lehrerinnenart. „Mensch, Alex. Glaubst du wirklich, dass der noch hier ist? Nach alldem, was er uns..."

Sie bricht ab und schüttelt den Kopf. Dann lächelt sie und hakt mich unter. „Du kommst jetzt erst mal mit, mein Junge. Reste essen. Von gestern Abend. Viel ist nicht über, aber für uns beide wird's schon reichen."

Personen

Sophie, 37, textet in einer Werbeagentur für Ritter Sport und Elektroautos. Ist erst mit Piet zusammen, dann nicht mehr. Würde manchmal gern ins Kloster gehen und sechs Monate schweigen.

Alexander, 39, freier Journalist, verheiratet mit Marion. Sohn Otto ist zweieinhalb Jahre alt. Wurde für seine Reportage über die Zollmafia im Freihafen ausgezeichnet. Trinkt Kaffee am liebsten schwarz und ohne Macchiato.

Linde (Gerlinde), 76, ist aus dem Altenheim geflohen, oft biestig, aber großzügig. Hat früher zur Musik von Chet Baker getanzt.

Rahel, 27, „die Hagere". Aus Rumänien geflüchtet, traumatisiert und verrückt. Hat ihr Hab und Gut in einem Hutkoffer und zwei Plastiktüten verstaut. Glaubt an Geister.

Julia und *Marie*, beide 19, haben ihr soziales Jahr in einer Pinneberger Kita geschmissen. Wären gern Hippies, finden Taizé gut und treten immer zu zweit auf. Warum eigentlich?

Maximilian, 69, Pastor im Ruhestand. Seine Frau ist dement und lebt in einem Pflegeheim. Altöko, aber kein Besserwisser.

Rafael, 26, studiert Soziale Arbeit und hat viel Ahnung von Crowdfunding. Engagiert sich bei Attac und war schon zu lange nicht mehr verliebt.

Christina, 42, Spanierin, seit zehn Jahren in Deutschland, stand lange hinter der Theke eines kleinen Bistros. Katholikin, stolzer Sonnenschein, containert.

Jan, 32, hat Musik studiert, Geige und Schlagzeug. Freiberufler und überhaupt nicht zukunftsängstlich. Sieht die Welt, wie sie ihm gefällt.

Richard, 52, geschieden. Pädagoge. Ruhiger, besonnener Typ, segelt. Sieht gern Stummfilme und mag Urlaube in Karelien.

Edith, 43, Schäferin ohne Herde. Zart, aber entschieden, lebte lange in einem Bauwagen und dichtet manchmal, und das auch noch gut.

Ähnlichkeiten mit lebenden Personen sind zufällig und unbeabsichtigt. Die Ausnahme ist Jesus. Handlung und Dialoge in diesem Buch sind beeinflusst von den Evangelisten Matthäus, Markus, Lukas und Johannes. Sie haben das Leben von Jesus im Zeitraum zwischen 70 und 100 n. Chr. nuancenreich beschrieben. Viele Menschen erzählen seitdem seine Geschichte weiter. Menschen wie Sophie und Alex.

Susanne Niemeyer

Jahrgang 1972, war zehn Jahre Redakteurin bei „Andere Zeiten". Seit Anfang 2011 schreibt sie als freiberufliche Autorin, unter anderem regelmäßig für den NDR. Zahlreiche erfolgreiche Buchveröffentlichungen.

Matthias Lemme

Jahrgang 1977, studierte Evangelische Theologie, arbeitete für die Deutsche Welle und war anschließend zwei Jahre Redakteur bei „Andere Zeiten". Seit 2011 ist er Pastor, derzeit in Hamburg-Ottensen.

Der Verlag weist ausdrücklich darauf hin, dass im Text enthaltene externe Links vom Verlag nur bis zum Zeitpunkt der Buchveröffentlichung eingesehen werden konnten. Auf spätere Veränderungen hat der Verlag keinerlei Einfluss. Eine Haftung des Verlags ist daher ausgeschlossen.

Verlagsgruppe Random House FSC® N001967

S. 2 © Keiichi Hibari/Eye Em/Getty Images
S. 4, 82/83, 218/219 © shutterstock
S. 21 © fotolia
S. 160/161 © Hurricane 1984/Getty Images
S. 190/191 © Stephen Simpson/Getty Images
S. 208 © Daniel Hogberg/Getty Images

© 2016 adeo Verlag
in der Gerth Medien GmbH, Dillerberg 1, 35614 Asslar,
Verlagsgruppe Random House GmbH, München

1. Auflage März 2016
Bestell-Nr. 835084
ISBN 978-3-86334-084-1

Umschlaggestaltung: Gute Botschafter GmbH, Haltern am See
Innengestaltung: Maike Michel
Lektorat: Dorothea Bühler
Satz: Uhl + Massopust, Aalen
Druck: GGP Media GmbH, Pößneck
Printed in Germany